Sekundarstufe

Marlis Erni-Fähndrich

Fremdwörter verstehen und richtig einsetzen

liberal
dominant
garantieren
demonstrieren

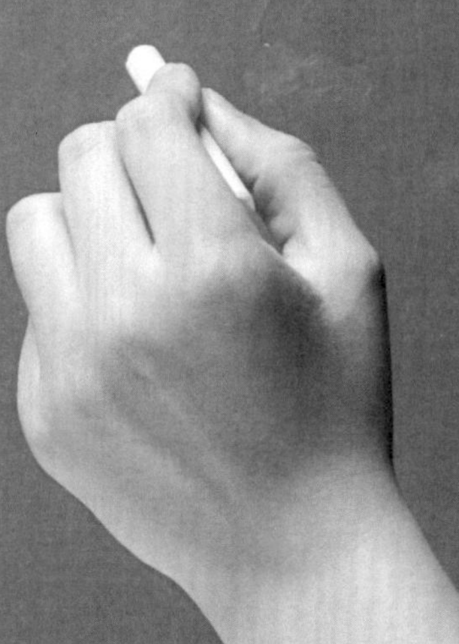

- Bedeutung von Fremdwörtern
- Fremdwörter im Alltag
- Warum Fremdwörter?

www.kohlverlag.de

Fremdwörter verstehen und richtig einsetzen

8. Auflage 2025

Inhalt: Marlis Erni-Fähndrich
Illustrationen: Heinz Kropf
Umschlagbild: © fotolia.com
Redaktion für Deutschland: Kohl-Verlag
Grafik & Satz: Kohl-Verlag
Druck: Druckerei Flock, Köln

Bestell-Nr. 11 071

ISBN: 978-3-86632-293-6

Kontakt: Kohl-Verlag, An der Brennerei 37-45, 50170 Kerpen
Tel: +49 2275 331610, Mail: info@kohlverlag.de

Unsere Lizenzmodelle

Der vorliegende Band ist eine Print-Einzellizenz

Sie wollen unsere Kopiervorlagen auch digital nutzen? Kein Problem – fast das gesamte KOHL-Sortiment ist auch sofort als PDF-Download erhältlich! Wir haben verschiedene Lizenzmodelle zur Auswahl:

	Print-Version	PDF-Einzellizenz	PDF-Schullizenz	Kombipaket Print & PDF-Einzellizenz	Kombipaket Print & PDF-Schullizenz
Unbefristete Nutzung der Materialien	x	x	x	x	x
Vervielfältigung, Weitergabe und Einsatz der Materialien im eigenen Unterricht	x	x	x	x	x
Nutzung der Materialien durch alle Lehrkräfte des Kollegiums an der lizensierten Schule			x		x
Einstellen des Materials im Intranet oder Schulserver der Institution			x		x

Die erweiterten Lizenzmodelle zu diesem Titel sind jederzeit im Online-Shop unter www.kohlverlag.de erhältlich.

Inhalt

FREMDWÖRTER ... verstehen und richtig anwenden – Bestell-Nr. 11 071
KOHL VERLAG

Inhalt

Vorbemerkungen

FREMDWÖRTER SIND TEIL DER KULTUR

- Fremdwörter sind Glückssache.
- Fremdwörter sollten vermieden werden.
- Wer nichts zu sagen hat, braucht Fremdwörter.
- Wer Fremdwörter braucht, blufft.

ALLES FALSCH!

Fremdwörter sind Elemente der Sprache und gehören zum kulturellen Bildungsgut. Durch die Sprache tritt der Mensch in eine Beziehung mit der Welt. Über den Zusammenhang zwischen Sprache und Gesellschaft bzw. Kultur gibt es unterschiedliche Theorien; sie sind Forschungsgegenstand der Sozio- bzw. der Ethnolinguistik.

Sprache ist ein dynamisches System, das sich dauernd verändert, nicht nur bei „verordneten“ Reformen. Der Sprachwandel zeigt sich deutlich, wenn wir alte Texte lesen: Vieles verstehen wir nicht, anderes falsch. Immerhin geben Tonaufzeichnungen wieder, wie gesprochen wurde. Aber diese Möglichkeit war vor dem 20. Jahrhundert nicht gegeben. Wenn früher jemand so geschrieben hat, wie das Wort gesprochen wurde, können Rechtschreibfehler unfreiwillig Hinweise auf den Wortklang geben. Wer z.B. Libe oder Lihbe schrieb, hat das Wort mit langem i gesprochen und nicht mit dem Diphtong ie, wie es früher in vielen deutschsprachigen Regionen gesprochen wurde. – Dieses historische Interesse an Rechtschreibfehlern wollen wir unseren Schülerinnen und Schülern aber nicht als Argument liefern! Eines ist sicher: Schon immer fand ein Austausch zwischen Ethnien und Kulturkreisen und damit auch zwischen ihren Sprachen statt. Fremdwörter abzulehnen heißt gegen Windmühlen kämpfen und echte Bereicherungen ablehnen.

Zum Sprachwandel gehört nicht nur der Laut-, sondern auch der Bedeutungswandel: Ein Wort wird beibehalten, verweist aber auf einen neuen Sachverhalt. Und anderseits gibt es viele neue Wörter, weil es neue Sachverhalte gibt. Meistens wird der zugehörige Begriff aus der Sprache übernommen, in deren „Heimat“ die Sache entwickelt wurde: Sache und Begriff werden importiert. Versuche, für solche Dinge deutsche Begriffe zu kreieren, sind zum großen Teil gescheitert.

Dennoch ist dies kein Plädoyer für die gedankenlose Verwendung (vor allem) englischer Wörter. Es gibt keine (vernünftigen) Gründe dafür, das Werbe- und Marketing-Denglisch zu übernehmen, auch wenn man (leider) nicht daran vorbeikommt, da es allgegenwärtig ist. Sprachwissenschaftler haben verschiedentlich betont, Ursache des Sprachwandels sei eine veränderte geistige Haltung des Menschen. Sollte diese veränderte Haltung Gedankenlosigkeit sein, wäre es ein Armutszeugnis. – Es bleibt zu hoffen, dass eine Gegenbewegung die deutschen Begriffe wieder modern werden lässt – auch wenn es (eingebürgerte) Fremdwörter dabei hat. Zudem gibt es auch Neubildungen aus deutschem Sprachgut (z.B. “Abschwung”, eine Analogiebildung zu “Aufschwung”).

Vorbemerkungen

Die Rechtschreibreform(en) deutschen immer auch Fremdwörter ein, auch wenn anfänglich zwei Schreibweisen korrekt sind (chic/schick; Photographie/Fotografie). Die Schreibweise wird an das Lautprinzip angeglichen bzw. mit denjenigen Buchstaben wiedergegeben, die dem gesprochenen Laut entsprechen.

WaS SIND FREMDWÖRTER?

Fremdwörter sind Wörter aus anderen Sprachen. Dabei hört man ihnen ihre Herkunft nicht immer an. Wörter wie Schokolade, diskret, spazieren, Problem usw. gehören uneingeschränkt zur deutschen Sprache; allerdings ist ihre Schreibweise nie vollständig eingedeutscht worden. Es sind sozusagen Eingebürgerte mit fremdem Akzent. – Wenn hier von Fremdwörtern die Rede ist, geht es um die Alltagssprache, nicht um Fachsprachen. Es wird nicht zwischen Lehn- und Fremdwörtern unterschieden. Als Fremdwörter werden hier vereinfachend Wörter bezeichnet, die sich von deutschen Wörtern in einem oder mehreren der folgenden Punkte unterscheiden.

WORaN ERKENNT MaN FREMDWÖRTER?

- Man spricht Laute nicht so aus wie bei deutschen Wörtern:
  Fre**u**de, ne**u**, Le**u**te … – Transporte**u**r, Amate**u**r, Coiffe**u**r …
  k**au**fen, L**au**b … – Ch**au**vinist, S**au**ce …
  B**a**se – B**a**seball; L**ie**der – L**ea**der
- Das ganze Wort wird anders ausgesprochen:
  Beat (Vorname) – Beat (Musik); Teerose – Teenager;
  Taube – Fauxpas usw.
- Fremdwörter werden anders betont als deutsche Wörter:
  Der Akzent liegt nicht auf der Stammsilbe oder auf der ersten Silbe:
  arbeiten, Drucker, seltsam … – Argument, Kaffee, Kapital …
- Dehnungen und Schärfunge weichen vom Deutschen ab:
  M**ie**te; m**ah**len; B**oh**ne … – Kr**i**se; M**a**lus; B**o**nus …
  l**ie**gen … – L**i**ga, L**i**do …
  Bef**eh**l … – Kam**e**l …
  So**ck**en, Fa**ck**el, Scho**ck**, Spe**ck**, Ni**ck**el … – Po**k**al, Pa**k**et, Scho**k**olade, Spe**k**trum, Ni**k**otin …
  Spa**tz**ennest, Fe**tz**en; plö**tz**lich … – Spa**z**ierstock, Re**z**ept; Hori**z**ont
- Viele Vor- und Nachsilben weisen auf eine fremde Herkunft hin:
  hydro-, phil-, iso-, homo-; -ieren, -phob, -metrie, -istik, -iatrie usw.

Diese Merkmale kommen auch kombiniert vor. Aber zu allen Kriterien gibt es Ausnahmen; die genannten Erkennungskriterien genügen nicht in allen Fällen, um Wörter eindeutig als Fremdwörter zu erkennen. Zudem gibt es auch innerhalb der Fremdwörter Unterschiede, etwa in der Betonung oder in der Aussprache (Fantasie – Komödie).

Vorbemerkungen

Fremdwörter sind also hinsichtlich verschiedener Merkmale nicht vollständig ins Deutsche integriert: Aussprache, Betonung, Schreibweise, Wortbildung, Flexion (z.B. Mehrzahlbildung) usw. werden als abweichend, als fremd empfunden. Zudem werden sie oft anders getrennt als rein deutsche Wörter. In den Arbeitsblättern werden nur die Merkmale Aussprache und Schreibweise (Dehnung und Schärfung) genannt (S. 17, A2).

KOMMENTaR ZU DEN KOPIERVORLaGEN

Die Kopiervorlagen „Fremdwörter verstehen" bieten reichhaltiges und abwechslungsreiches Übungsmaterial und machen so unter anderem bewusst, wie viele Fremdwörter wir auch im Alltag verwenden. Im *Inhaltsverzeichnis* sehen Sie, nach welchen Schwerpunkten die Übungen gegliedert sind und worum es bei den einzelnen Aufgaben geht.
Auf die Herkunft der Fremdwörter wird absichtlich nicht hingewiesen. Es geht in erster Linie um Bedeutung (passives und aktives Verständnis), Schreibweise und Anwendung von Fremdwörtern. Auch auf die systematische Besprechung etwa der formalen Wortbildung wird verzichtet.

Die Arbeitsblätter sollten nicht "en bloc" bearbeitet werden. Es können jedoch problemlos einzelne Blätter zum Bearbeiten abgegeben werden, auch aus unterschiedlichen thematischen Schwerpunkten. Sie als Lehrerin, als Lehrer sind also sehr frei, die Blätter entsprechend Ihrer pädagogisch-didaktischen Absicht einzusetzen.

Die Arbeitsblätter eignen sich hervorragend zur Partnerarbeit, und sie ist zu empfehlen (die Knobeleien z.B. sind recht anspruchsvoll). Die Schülerinnen und Schüler füllen selbstverständlich ihre eigenen Arbeitsblätter aus, vergleichen sie miteinander und korrigieren sie anhand der Lösungsblätter. Die sorgfältige Korrektur ist wichtig, da Fremdwörter immer wieder Rechtschreibprobleme bieten – nicht nur bei Dehnungen und Schärfungen. Dies zeigt sich vor allem bei der schriftlichen Wiedergabe gehörter Wörter; die fünf Arbeitsblätter zum Schwerpunkt "Sprechen und Schreiben" sind diesem Thema gewidmet.

ZUM WÖRTERVERZEICHNIS

Das Wörterverzeichnis enthält alle Fremdwörter, die in den Übungen vorkommen; das sind insgesamt rund 800 verschiedene Fremdwörter. Bei jedem Wort ist angegeben, in welchem Arbeitsblatt bzw. in welchen Arbeitsblättern es verwendet wird.

Die Umschreibungen beziehen sich auf den Kontext, in dem die Fremdwörter vorkommen. Es sind also nicht alle Bedeutungen angegeben, die ein bestimmtes Fremdwort haben kann. Die Femininform ist nur bei denjenigen Fremdwörtern vermerkt, bei denen diese Form in einem Arbeitsblatt vorkommt oder als Aufgabe verlangt wird.

Vorbemerkungen

Praktisch alle Übungen können fehlerfrei gelöst werden, sofern die Schülerinnen und Schüler nachschlagen. Es ist allerdings nicht die Absicht, dass alle Fremdwörter nachgeschaut werden sollen. Aber das Wörterverzeichnis sollte als nützliches Hilfsmittel erkannt und benutzt werden.

Das Wörterverzeichnis ersetzt keine Wörterbücher:
Erstens ist es spezifisch auf die Kopiervorlagen „Fremdwörter verstehen" abgestimmt, zweitens ist es nicht repräsentativ für den Fremdwort-Wortschatz der Schülerinnen und Schüler und drittens sind die Erklärungen nicht umfassend. Einzig für die Bearbeitung der Kopiervorlagen „Fremdwörter verstehen" braucht es im Normalfall kein anderes Nachschlagewerk.

Grundlegende Informationen zu den Fremdwörtern finden Sie im DUDEN, Bd. 5: Das Fremdwörterbuch. Aktuell 9. Auflage, 2007.
Die Grundlagenartikel

- Ein Fremdwort – was ist das? (S. 122)
- Fremdes Wort im deutschen Satz: Schreibung, Aussprache und Grammatik (S. 214)
- Fremdwörter in Zahlen (S. 318)
- Eine kleine Fremdwortgeschichte (S. 416)
- Freund oder Feind? – Haltungen gegenüber dem Fremdwort (S. 524)
- Fremdwörter – eine Stilfrage (S. 620)
- Ein ständiges Geben und Nehmen: Fremdwörter im sprachlichen Kontakt (S. 718)
- Fremdwörter als Spiegel der Kulturgeschichte (S. 824)
- Fremdwörter: Bedrohung oder Bereicherung? (S. 918)

können Sie im Internet gratis als pdf-File herunterladen:
http://www.duden.de/deutsche_sprache/fremdwort.php

Wörterverzeichnis

Absenz, die [38]; Abwesenheit
absolut [45]; uneingeschränkt, völlig
Accessoire, das [40]; (modisches) Zubehör (z.B. Schmuck, Gürtel, Schal)
addieren [15, 16]; zwei oder mehr Zahlen zusammenzählen
Ägyptologe, der [11]; Fachmann für Kultur und Sprache des alten Ägypten
Affekt, der [45]; heftige Gefühlserregung
Agave, die [15]; tropische Pflanze
Agenda, die [15, 38]; Terminkalender
Aggression, die [30]; Angriff, angriffiges Verhalten, Angriffslust
aggressiv [1, 5, 18]; angriffslustig; rücksichtslos
Agronom, der [11]; an der Hochschule ausgebildeter Landwirt; Sachverständiger für Ackerbau
Akne, die [45]; Pusteln
Akrobat, der [1]; jemand, der z.B. im Zirkus sehr schwierige Körperbewegungen und Balanceakte macht
Akt, der [46]; Handlung, Vorgang
aktiv [2]; tätig; bereit, etwas zu unternehmen oder zu unterstützen
aktuell [10]; zeitgemäß, jetzt bedeutsam, wichtig
akustisch [10, 16]; klanglich, den Schall betreffend
akut [10]; plötzlich auftretend (z.B. Krankheit); dringend
akzeptabel [31]; annehmbar
Allergie, die [7]; körperliche Unverträglichkeit, Überempfindlichkeit
Alphabet, das [1, 5]; Abc
alternativ [18]; anders
Alu, das [45]; Kurzwort für Aluminium
Aluminium, das [1]; helles, silberfarbenes Metall
Amateur, der [39]; Nichtfachmann; jemand, der eine Tätigkeit aus Liebhaberei (nicht berufsmäßig) ausübt
Ambiente, das [30]; Umgebung; Atmosphäre, die einen umgibt
Ambulanz, die [6]; Krankenwagen
analog [44]; ähnlich, entsprechend
Analyse, die [46]; genaue Untersuchung, bei der man etwas in kleine Bestandteile zerlegt
analysieren [33]; etwas zerlegen, untersuchen, die Merkmale bestimmen
Ananas, die [12,32]; eine Südfrucht
anglophil [22]; englandfreundlich
Antarktis, die [41]; Gebiet um den Südpol
anti... [41]; gegen...
antiautoritär [41]; nicht autoritär, Autoritäten ablehnend
Antiheld, der [41]; Gegenstück zum Helden, oft mit negativer Rolle
antik [35, 40]; altertümlich, aus einer alten Epoche stammend; sehr alt
Antilope, die [41]; in Afrika und Asien lebendes gehörntes Huftier
Antipathie, die [41]; Abneigung, Widerwille
Antipode, der [41]; auf der gegenüberliegenden Seite der Erde wohnender Mensch
Apotheke, die [1]; Geschäft, das Medikamente herstellt und verkauft
applaudieren [13]; klatschen, Beifall spenden
April, der [45]; der vierte Monat im Jahr
Aquarium, das [8]; Behälter mit Wassertieren (z.B. Zierfischen, Wasserschnecken usw.) und Wasserpflanzen
Architekt, der [1]; jemand, der Häuser plant und Baupläne gestaltet
Arktis, die [41]; Gebiet um den Nordpol
Aroma, das [32, 44]; Geschmack, Duft
aromatisiert [32, 44]; mit Geschmacksstoffen versehen
arrogant [34, 40]; überheblich, andern zeigen, wie intelligent oder gut man ist
Artikel, der [36]; 1. Geschlechtswort (der, die, das; ein, eine); 2. eine Art Aufsatz, Bericht, Beitrag zu einem Thema 3. Gegenstand, Ware
Artist, der [1]; Künstler, der z.B. mit Geschicklichkeitsübungen im Zirkus auftritt: Jongleur, Clown
Arzt, der [1]; jemand, der Kranke behandelt; Mediziner
Asphalt, der [14]; Straßenbelag
Assistent, der [34]; Helfer; jemand, der anderen bei bestimmten Tätigkeiten zur Hand geht; Mitarbeiter des Chefs
Astrologe, der [1, 10]; Sterndeuter; sagt aufgrund der Planetenpositionen die Zukunft voraus
Astronaut, der [10, 11]; Weltraumfahrer
Astronom / Astronomin, der / die [10, 11]; Stern- und Himmelsforscher(in)
attraktiv [30, 42]; verlockend, begehrenswert, anziehend
Aubergine, die [12]; Gemüsepflanze mit dunkelvioletten Früchten
Auto, das [1]; Kurzform von Automobil; Personenwagen
Autogramm, das [24]; (von berühmten Personen) eigenhändig geschriebener Name
Automat, der [24]; Apparat, aus dem man nach Geldeinwurf Ware beziehen kann
Automobil, das [21]; Personenwagen (Selbstbeweger)
autonom [21]; unabhängig, selbstständig
Autonomie, die [24]; Unabhängigkeit, Selbstständigkeit
Autorin, die [24]; Verfasserin eines Werkes, z.B. eines Buches
autoritär [41]; totalen Gehorsam fordernd, diktatorisch
Autorität, die [18, 24]; einflussreiche Person oder Institution von hohem Ansehen

Baby, das [27]; Säugling, Kleinkind
babysitten [13]; kleine Kinder hüten
Bagatelle, die [5, 16]; Kleinigkeit; Bagatellschaden: unbedeutender Schaden
Bakterien (Pl.), die [9]; kleinste Lebewesen, oft Krankheitserreger
Balkon, der [1]; offener Vorbau an einem Haus, durch ein Geländer oder eine Mauer geschützt
Bambus, der [15]; tropische, verholzende Graspflanze
banal [42]; alltäglich, gewöhnlich, einfach, geistlos
Barometer, der [22]; Luftdruckmesser
Basketball, der [15]; Korbballspiel mit zwei Mannschaften zu je 5 Spielern
Batterie, die [13]; ein Gerät, das elektrischen Strom erzeugt oder speichert
Beautycenter, das [1]; Geschäft, in dem Schönheitspflege betrieben wird; Schönheitssalon
Beduine, der [9]; arabischer Nomade
beige [29]; sandfarben
Biathlon, das [20]; Zweikampf (Skilanglauf und Scheibenschießen)
bibliophil [22]; schöne Bücher liebend
Bibliothek, die [17, 22]; Institution, die Bücher ausleiht; (große) Sammlung von Büchern
Bike, das [15]; Velo, Fahrrad
Biker, der [14, 25]; jemand, der mit einem Bike fährt
Bikini, der; CH das [20]; zweiteiliger Badeanzug für Mädchen und Frauen
bilateral [20]; zweiseitig
Biografie, die [22]; Beschreibung der Lebensgeschichte einer (meist berühmten) Person
Biologie, die [21]; Lehre vom Leben
Biotop, das [21]; Lebensraum für bestimmte Lebewesen
Blamage, die [28]; Bloßstellung, Schande
blamieren (sich) [34]; blöd dastehen; jemanden blöd hinstellen; jemanden lächerlich machen
blanko [44]; leer, nicht ausgefüllt
Bluejeans (Pl.), die [17]; blaue Hosen aus starker Baumwolle
bluffen [13]; bewusst irreführen; „hoch angeben“
Boa, die [45]; Riesenschlange
Bodega, die [10]; spanischer Weinkeller
Body, der [45]; Körper
Bodyguard, der [10]; Leibwächter
Bodylotion, die [10]; Körperpflegemilch
Bon, der [5]; Gutschein; Kassenzettel
Botaniker, der [7]; jemand, der sich beruflich mit Pflanzenkunde (Botanik) befasst
Bouillon, die [12]; Fleisch- oder Gemüsebrühe
Boy, der [45]; junger Mann
brisant [44]; hochaktuell, heikel
Broccoli / Brokkoli (Pl.), die [12]; Gemüse; grüner Blütenstand einer blumenkohlähnlichen Pflanze
Brunch, der [27]; ausgiebiges, spätes Frühstück, das das Mittagessen ersetzt
buchstabieren [15]; einen Buchstaben des Wortes nach dem andern sagen
Budget, das [42]; Geld, das zur Verfügung steht
Bumerang, der [15]; sichelförmiges Wurfholz, das zum Werfer zurückkehrt
Bungalow, der [15]; eingeschossiges Wohn- oder Ferienhaus

Caramelcreme / Karamellcreme, die [12]; dickflüssiges Dessert aus gebranntem Zucker (mit Schlagrahm)
cash [46]; bar
Cello, das [27]; großes Streichinstrument; Kurzform für Violoncello
Cembalo, das [28]; klavierähnliches Tasteninstrument, bei dem die Saiten angerissen, nicht angeschlagen, werden
Cervelat, der [12]; geräucherte Wurst, die kalt oder warm gegessen wird

Wörterverzeichnis

Cha-Cha-Cha, der [15]; kubanischer Tanz
Chalet, das [15, 29]; Ferien- oder Landhaus aus Holz, oft in den Bergen
Champion, der [42]; Spitzensportler; Meister in einer Sportart
Chanson, das [15]; französisches Lied
chaotisch [16]; durcheinander
chatten [13, 28]; im Internet mit andern Gedanken austauschen
Chauffeur, CH: Chauffeuse (D: Chauffeurin), der / die [26]; Person, die beruflich Auto, Bus, Lastwagen usw. fährt
Chef / Chefin, der / die [1, 26]; Vorgesetzte(r)
Chewinggum, der [5]; Kaugummi
Chicorée, der / die [12]; Salat oder Gemüse aus den hellen Blättern einer Zichorienart
Chips (Pl.), die [12]; dünne, gebackene Kartoffelscheiben
Chirurg / Chirurgin, der / die [11]; Facharzt / Fachärztin, der / die Patienten operiert
City, die [27]; Innenstadt
Citybike, das [28]; Fahrrad speziell für den Stadtverkehr
clever [18, 34]; klug, gewitzt, raffiniert
Clou, der [32]; Kernpunkt, Höhepunkt
Clown / Clownin, der / die [2, 26]; Spaßmacher(in), lustig geschminkt (oft im Zirkus)
Coca Cola, das [12]; ein bestimmtes Erfrischungsgetränk
Computer, der [2, 3, 36]; elektronische Rechenmaschine
computern [13]; mit dem Computer arbeiten oder spielen
Container, der [27]; großer Behälter zum Transportieren oder für Abfall
cool [28]; sehr gut, lässig
Corner, der [39]; Eckball
Cornflakes (Pl.), die) [12]; geröstete Maisflocken
Couch, die [3]; breiteres Sofa mit niedriger Rückenlehne
Cowboy, der [2, 27]; berittener amerikanischer Rinderhirt (oft mit Lasso)
Cowgirl, das [27]; berittene amerikanische Rinderhirtin (oft mit Lasso)
Curling, das [15, 28]; Spiel auf dem Eis, gespielt mit einem flachen Puck (Hartgummischeibe)
Curry, der / das [12]; scharfe, gelbbraune Mischung aus indischen Gewürzen
Curryreis, der [12]; weiße, runde oder längliche Getreidekörner, die mit einer bestimmten Gewürzmischung in Wasser gekocht werden
Currywurst, die [25]; Wurst mit Currygewürz

Dativ, der [45]; Wem-Fall; 3. Fall
Datum, das [16]; Zeitpunkt; Angabe des Tages
Dealer / Dealerin, der / die [26]; Person, die mit Rauschgift handelt; Rauschgifthändler(in)
defekt [44]; fehlerhaft, schadhaft, kaputt
defensiv [42]; zurückhaltend, rücksichtsvoll, abwehrend, nicht angreifend
definieren [33]; genau erklären, festlegen, bestimmen
Definition, die [40]; (genaue) Erklärung eines Begriffs
definitiv [1]; endgültig
Defizit, das [18, 46]; Mangel; Fehlbetrag
Degustation, die [40]; Kostprobe
Dekoration, die [23]; Verzierung, das Schmücken; der Schmuck
dekorieren [23]; verzieren, schmücken
Delegation, die [23]; eine offizielle Gruppe von Personen, die an einem Anlass, Kongress usw. teilnimmt
delegieren [18, 23]; auf jemand anderen übertragen
Delfin, der [15]; eine Art Wal
Delinquent, der [34]; Straffälliger; jemand, der eine Straftat begangen hat
demolieren [10]; mutwillig zerstören
Demonstration, die [23]; 1. Protestkundgebung, Massenprotest; 2. Veranschaulichung
demonstrieren [23]; 1. an einer Protestkundgebung teilnehmen; 2. anschaulich vorführen
demontieren [10]; abbauen, zerlegen
deportieren [10]; verbannen
desorientiert [4]; verwirrt, falsch unterrichtet
Detail, das [5]; Einzelheit
Dezember, der [15]; der zwölfte Monat des Jahres
Diagnose, die [1]; das Feststellen, was für eine Krankheit jemand hat
Dialekt, der [44]; Mundart
Dialog, der [8]; Zwiegespräch, ein Gespräch zwischen zwei Menschen
Differenz, die [14]; Unterschied; auch Meinungsverschiedenheit
digital [46]; in Ziffern / Zahlen dargestellt
Digitaluhr, die [9]; Uhr, die die Zeit als Zahl anzeigt, nicht mit Zeigern
diktieren [1]; einen Text langsam vorlesen, damit ihn jemand mitschreiben kann
direkt [2, 14, 16]; ohne Umweg
Direktor, der [1]; Chef einer Firma, Leiter einer Schule
Disco / Disko, die [13]; Kurzform für Diskothek; 1. Sammlung von Schallplatten; 2. Tanzlokal (mit Schallplattenmusik)
Disharmonie, die [8]; Uneinigkeit, Missklang, Unstimmigkeit
Diskothek, die [22]; Tanzlokal mit Schallplattenmusik
diskret [34]; unauffällig, taktvoll, rücksichtsvoll, verschwiegen
diskutieren [13]; Meinungen austauschen, über etwas reden
disloziert [4]; umgezogen
Dispens, die [44]; Befreiung von Vorschriften
Distanz, die [5, 39]; Entfernung, Abstand zwischen zwei Personen oder Orten
dividieren [15]; eine Zahl durch eine andere teilen
dokumentieren [18]; zeigen; beweisen, nachweisen
Dompteur, CH: Dompteuse (D: Dompteurin), der / die [26]; Tierbändiger(in)
Dresseur, der [11]; jemand, der Tiere abrichtet, dressiert, z.B. um sie im Zirkus vorzuführen
Duell, das [46]; Zweikampf

Effekt, der [17, 38]; Wirkung
egal [44]; gleichgültig
Ego, das [46]; das Ich
Egoist, der [17]; jemand, der nur an sich denkt und seine Interessen in den Vordergrund stellt
egoistisch [9]; nur an sich selber denken, ichsüchtig
Eiscreme, die [15]; weiches Speiseeis
Eishockey, das [15]; Hockeyspiel von zwei Mannschaften auf Schlittschuhen, wobei der Puck in das gegnerische Tor geschossen werden muss
Elektrizität, die [1]; Energie, Strom
emotional [16]; gefühlsmäßig, von den Gefühlen geleitet
Entertainer, der [9]; jemand, der das Publikum auf lustige Art unterhält; Unterhalter
Etage, die [15]; Stockwerk
Euphorie, die [42]; starkes Hochgefühl, große Begeisterung
exakt [2, 13]; genau, präzis
Exfreund, der [21]; ehemaliger Freund
exklusiv [35]; vornehm, nur für bestimmte Gruppen zugänglich; ausschließend
Exkursion, die [21]; Ausflug; Streifzug
Experiment, das [32]; wissenschaftlicher Versuch
Experte, der [32]; Fachmann, Sachverständiger, Kenner
Extrablatt, das [21]; Sonderausgabe einer Zeitung
extravagant [21]; überspannt, ausgefallen, übertrieben
extrem [39]; äußerst, bis an die letzte Grenze
exzellent [39]; hervorragend

Fabrikation, die [23]; Herstellung von Gütern in einer Fabrik
fabrizieren [23]; herstellen; zusammenbasteln
fair [27, 34]; anständig, ohne Tricks, gerecht, ohne Nachteil für andere
Fassade, die [43]; Vorderseite eines Hauses
Fastfood , das [39]; schnelles Essen, schnell essbare Gerichte
faszinieren [18]; etwas ruft großes Interesse oder große Begeisterung hervor
Fauna, die [10]; Tierwelt
favorisieren [31]; begünstigen, bevorzugen
Ferien (Pl.), die [1]; mehrere zusammenhängende Tage oder Wochen, während denen eine Institution geschlossen ist
feudal [44]; vornehm; reichhaltig
Final, der [2]; Endspiel
finanziell [16, 31]; auf das Geld bezogen, geldlich
Firma, die [1]; kaufmännischer oder gewerblicher Betrieb
Fischfilet, das [12]; Rückenstück eines Fisches
fit [45]; tüchtig; in Form; in guter körperlicher Verfassung
fix [44]; fest

Wörterverzeichnis

flexibel [2, 31]; biegsam, elastisch, anpassungsfähig
Flop, der [44]; Handlung ohne Anklang und ohne Erfolg
Flora, die [10]; Pflanzenwelt
Floskel, die [10]; nichts sagende, (inhalts-) leere Redensart
Flyer, der [39]; Flugblatt
Fön, der [5]; Haartrockner
Fokus, der [45]; Brennpunkt
Fondue, das [16]; Käsespeise; auch Fischfondue, Fleischfondue
fossil [45]; versteinert
Fossil (Pl. Fossilien), das [43]; (versteinerter) Überrest von Tieren oder Pflanzen
fotografieren [13]; mit der Kamera ein Bild aufnehmen
Fraktur, die [1]; Bruch
frankophob [22]; frankreichfeindlich
frappant [34]; verblüffend, treffend, überraschend
Freak, der [46]; jemand, der sich sehr stark für etwas begeistert
Frisbee, das [46]; kleine, runde Wurfscheibe
Friseur/in, der/die [1]; jemand, der anderen das Haar schneidet
Friseursalon, der [1]; Geschäft, in dem Haare geschnitten werden
Frisieren, [1]; die Haare kämmen; eine Frisur machen
Fun, der [39]; Spaß, Scherz, Vergnügen

gamen [13]; spielen
Gangster / Gangsterin, der / die [26]; Verbrecher(in)
Ganove, der [10]; Betrüger, Verbrecher
Garage, die [1, 24, 29]; Raum zum Abstellen von Fahrzeugen; Autowerkstatt
Garantie, die [24]; Gewähr; verbindliche Zusage; Zusicherung, einen Mangel kostenlos zu beheben
Garderobe, die [24]; 1. die Kleider, die jemand hat; 2. Kleiderablage; 3. Ankleideraum im Theater
Gardine, die [10, 24]; Fenstervorhang, meistens durchsichtig
Gardist, der [10]; Angehöriger einer Garde (Schweizergardist)
Garnitur, die [24]; mehrere zusammengehörende Stücke
Gelee, der [28]; Brotaufstrich aus eingedicktem (Frucht-) Saft
genial [1, 28]; sehr klug, einmalig gut, hervorragend
genieren, sich [28]; gehemmt sein, sich unsicher fühlen
Geografie, die [22]; Erdkunde
Geologe / Geologin, der / die [11]; Person, die die Entwicklung der Erde erforscht
Geometrie, die [1]; Flächen- und Raumlehre
Gitarre, die [15]; Zupfinstrument mit 6 Saiten
Globus, der [9]; Kugel mit dem Abbild der Erdoberfläche
Glossar, das [39]; Wörterverzeichnis
Grammatik, die [1, 6, 13]; Sprachlehre
Granit, der [44]; sehr hartes Gestein
Grapefruit, die [3, 12]; Zitrusfrucht mit leicht bitterem Geschmack
Gratin, der [5]; Auflauf, im Backofen überbackenes Gericht
gratis [5]; umsonst, unentgeltlich, kostenlos
Gratulation, die [23]; Glückwunsch, Beglückwünschung
gratulieren [23]; jemanden beglückwünschen
Gravitation, die [5]; Schwerkraft, Anziehungskraft
Gremium, das [46]; Körperschaft
Grimasse, die [13]; Fratze, verzerrte Gesichtszüge

Hai, der [46]; Raubfisch
Handy, das [16, 29]; mobiles schnurloses Telefon
Harlekin, der [43]; Narrenfigur (auf der Bühne)
Helikopter, der [3]; Hubschrauber
high [46]; in gehobener Stimmung
Historiker / Historikerin, der / die [11]; jemand, der die Geschichte (von Völkern, Religionen, Wissenschaften usw.) erforscht
Hobby, das [5]; Liebhaberei; etwas, das man in der Freizeit gern (und oft) tut
Hooligan, der [1]; Randalierer, v.a. bei Massenveranstaltungen
Horizont, der [9]; Linie in der Ferne, an der sich Himmel und Erde scheinbar berühren
Horoskop, das [1]; astrologische Voraussage aufgrund der Stellung von Sonne, Mond und Planeten
Hydrant, der [1]; Anschluss an die Wasserleitung
hydrophob [22]; Angst vor Wasser, wasserscheu
Hypnotiseur, der [28]; jemand, der jemanden in Hypnose versetzt
Hypothese, die [7]; Vermutung; unbewiesene (wissenschaftliche) Annahme

Icetea, der [12]; Eistee; kaltes, gesüßtes Getränk aus Schwarztee, Hagenbutten und Zitronensaft
Idee, die [1, 31]; Einfall, Gedanke
identisch [32]; ohne Unterschied, gleich, übereinstimmend
Ignorant, der [34]; Dummkopf, Nichtwisser
Illusion, die [10]; Selbsttäuschung, Trugbild, Wunschvorstellung, Sinnestäuschung
Illustration, die [10, 23]; Bild, Zeichnung usw., um einen Text zu veranschaulichen
illustrieren [23]; 1. Bilder für etwas machen; 2. etwas verdeutlichen, veranschaulichen
Imitation, die [10, 19]; Nachahmung, Nachbildung
Imitator, der [43]; Nachahmer
imitieren [6]; nachahmen, nachmachen (nachäffen)
Immobilie, die [19]; unbeweglicher Besitz, z.B. ein Haus
Immunität, die [19]; Unempfindlichkeit; Schutz vor Strafverfolgung
Imperativ, der [6, 19]; Befehlsform
Imperfekt, das [19]; Präteritum; Vergangenheitsform
Import, der [7, 16, 19]; Einfuhr von Waren
Improvisation, die [19]; aus dem Stegreif Dargebotenes
Impuls, der [19, 45]; Antrieb, Anstoß
Indikativ, der [19]; Wirklichkeitsform
indiskret [46]; taktlos, nicht verschwiegen, aufdringlich
Indiz, das [38]; Anzeichen; Verdachtsmoment; Umstand, der Verdacht erregt
Infektion, die [19]; Ansteckung mit einer Krankheit durch Krankheitserreger (Bakterien)
Infinitiv, die [5]; Grundform des Verbs; Form, in der die Wörter in Wörterbüchern stehen
Informatiker, der [15]; jemand, der sich beruflich mit Computern befasst
Information, die [23, 32]; Auskunft, Nachricht, Mitteilung
informieren [23]; Auskunft geben; sich informieren: sich Auskunft beschaffen
Ingenieur / Ingenieurin, der / die [15, 26]; Person mit Hochschulausbildung im technischen Bereich
initial [45]; anfänglich
initiativ [18]; unternehmungslustig; zu Handlungen anstoßen; Anregungen gebend
Inlineskater, der [25]; jemand, der mit Inlineskates läuft
Innovation, die [31]; Erneuerung, Neuerung
innovativ [31]; neuartig
Insektizid, das [19]; Insektenbekämpfungsmittel
Inspektor, der [46]; Person, die Kontrollen durchführt
Instanz, die [19]; zuständige Stelle, z.B. bei Behörden oder Gerichten
Instinkt, der [19]; Naturtrieb; (sicheres) Gespür
Institution, die [19]; öffentliche Einrichtung
Instruktion, die [6, 32]; Anweisung, Vorschrift
Instrument, das [19]; 1. Gegenstand, mit dem man Musik macht; 2. Gerät zur Ausführung technischer Arbeiten
Integration, die [23]; Einbeziehen in ein größeres Ganzes
integrieren [23]; in ein größeres Ganzes einbeziehen
Intellekt, der [19]; Verstand, Denkvermögen
interaktiv [18]; wechselseitig Einfluss nehmen
Intercityzug, der [21]; Schnellzug zwischen (größeren) Städten
interessant [17, 36]; fesselnd, spannend, erweckt Aufmerksamkeit
international [17]; die Angelegenheiten mehrerer Staaten betreffend, weltweit
Internet, das [36]; Netzwerk aus Computern
Interpretation, die [23]; Auslegung, Deutung von Texten
interpretieren [23]; versuchen, den Sinn herauszufinden
Interpunktion, die [21]; Zeichensetzung, z.B. Kommas, Punkte, Ausrufe- und Fragezeichen usw.
Interview, das [17, 19]; Befragung einer Person über Themen oder über sie selber
intus [46]; innen, inwendig

Wörterverzeichnis

Inventar, das [19]; 1. Einrichtungsgegenstände; 2. Warenbestand

Jazzpianist, der [29]; Klavierspieler, der Musik im Stil des Jazz spielt
Jeans (Pl.), die [25]; 1. Hose aus Baumwollstoff im Stil der Blue Jeans; 2. Kurzform von Bluejeans
Jeep, der [2, 25, 29]; Geländewagen, geländegängiges Fahrzeug
jobben [36]; einen Job ausüben, für Geld kurzfristig arbeiten
joggen [13]; locker und in mäßigem Tempo eine längere Strecke laufen
Jogger, der [25]; jemand, der joggt
Joghurt / Jogurt, das [12]; leicht saures und dickliches Milchprodukt, oft mit Früchten oder Aromen
Jongleur / Jongleurin, der / die [1, 26]; Geschicklichkeitskünstler(in)
Journalist / Journalistin, der / die [26, 29]; Person, die Artikel und Berichte für Zeitungen, Zeitschriften, Radio, Fernsehen usw. schreibt
Jumbojet, der [3, 25]; Großraumflugzeug
jumpen [28]; springen
Junkfood, der [28]; Nahrung mit vielen Kalorien, aber wenig Nährwert
Jurist / Juristin, der / die [11]; Spezialist(in) für Rechtsprechung und Gesetze
Jury, die [28]; Sachverständige als Preisrichter, z.B. bei Schönheitswettbewerben
Jux, der [17]; Scherz, Spaß

Känguru, das [15]; australisches Beuteltier mit langen Hinterbeinen
Kaktus, der [2, 3]; in Trockengebieten vorkommende Pflanze mit verdicktem Stamm, der Wasser speichert
Kalauer, der [44]; Wortspiel
Kalmar, der [45]; Tintenfisch
Kanzone, die [15]; leichtes, heiteres Lied
Kapazität, die [30]; Leistungsvermögen
kapieren [39]; verstehen, begreifen
Kapital, das [4]; Vermögen, (größere) Geldsumme
Kapitale, die [4]; Hauptstadt eines Landes
Kapitel, das [4]; Abschnitt in einem Buch
Kapitell, das [4]; der obere Teil einer Säule
Kapitol, das [4]; 1. Platz in Rom mit alten Palästen; 2. einer der 7 Hügel von Rom
Kapriole, die [4]; närrischer Einfall, Streich, Luftsprung
Karies, die [1, 17, 30]; „Zahnfraß"; Zerstörung des Zahnschmelzes
Karikatur, die [4]; Zerrbild, Spottbild, witzige Zeichnung
Karotte, die [15]; Mohrrübe
Karriere, die [4]; Laufbahn; Weg, der im Beruf zum Erfolg führt
Kastagnette, die [7]; Rhythmusinstrument aus ausgehöhlten Holzschälchen, die mit den Fingern gegeneinander geschlagen werden
Katastrophe, die [1, 4]; schweres Unglück großen Ausmaßes

Kebab, der [12]; kleine, am Spieß gebratene Fleischstücke (meistens aus Schaffleisch)
Ketchup / Ketschup, das / der [12, 25]; eingedickte Sauce aus Tomaten und Gewürzen
Keyboard, das [27]; Tasteninstrument, z.B. elektronische Orgel
Kickboard, das [27]; Tretroller; Sportgerät, bei dem man mit einem Fuß am Boden abstößt
kickboxen [13]; den andern im sportlichen Wettkampf mit Fäusten boxen und mit den Füssen treten
Kids (Pl.), die [30]; Kinder, Jugendliche
Kilometer, der [14]; Längenmass, 1000 Meter, km
Kino, das [1, 13]; öffentlicher Raum, in dem Filme gezeigt werden
Kiosk, der [14]; kleines Verkaufshaus für Zeitungen, Getränke, Süßigkeiten, Zigaretten usw.
Kollision, die [43]; Zusammenstoß
Kommentar, der [23]; Erklärung, Stellungnahme
kommentieren [23]; erklären, Stellung nehmen, Bemerkungen zu etwas abgeben
kompetent [43]; fähig, sachverständig
Kompetenz, die [18]; Fähigkeit, Sachverstand
komplett [6]; vollständig
Komplize, der [43]; Mittäter; jemand, der an einer Straftat beteiligt ist
komplizieren [18]; erschweren, verwickeln, umständlich machen
kompliziert [1, 6]; schwierig, umständlich
Kompromiss, der [31]; Übereinkunft durch gegenseitige Zugeständnisse
Konditor, der [11]; jemand, der Feingebäck herstellt, z.B. Patisserie
Konfrontation, die [23]; Gegenüberstellung einander widersprechender Meinungen; Auseinandersetzung zwischen Gegnern
konfrontieren [23]; (eine Person einer andern Person oder einer Sache) gegenüberstellen
Konjunktiv, der [38]; Möglichkeitsform
Konsonant, der [6]; Mitlaut
konstruieren [33]; etwas erstellen
konsultieren [40]; befragen, zurate ziehen
Kontakt, der [16, 39]; Beziehung, Berührung, Verbindung
Konvoi, der [38]; Geleitzug
Konzentration, die [23]; höchste Aufmerksamkeit
konzentrieren [13, 23]; etwas sehr aufmerksam tun, sich durch nichts ablenken lassen
Konzert, das [1]; Aufführung von Musikwerken
kooperieren [31]; gemeinsam arbeiten, zusammenarbeiten
korpulent [34]; beleibt, dick
korrekt [6, 16, 17]; richtig
Korrektur, die [5]; Verbesserung
Korridor, der [15]; Gang, Flur
Korso, der [10]; festlicher Umzug
Kosmetik, die [1, 10]; Körper- und Schönheitspflege
kosmetisch [17]; der Körper- und Schönheitspflege dienend
Kosmos, der [10]; Weltraum, Weltall

Kredit, der [45]; ausgeliehenes Geld; Geld, das man bei einer Bank aufnimmt
kreieren [32]; erfinden, etwas Neues schaffen
kriminell [17]; strafbar, verbrecherisch; straffällig
Kriterium, das [18]; ein typisches, unterscheidendes Merkmal
Kritik, die [46]; Beurteilung, Bewertung einer Person oder Sache
kritisieren [13]; beanstanden, bemängeln
Krokodil, das [3]; im Wasser lebendes Kriechtier
Krokus, das [15]; im Frühling blühende Gartenpflanze
Kuriosität, die [40]; merkwürdige, seltsame Dinge

Labyrinth, das [46]; Irrgarten, Durcheinander
Lama, das [46]; höckerloses Kamel
Laptop, der [29]; tragbarer Computer
Lasagne, die [12]; Auflauf aus flachen Teigwarenscheiben, abwechselnd mit Hackfleisch, weißer Sauce oder andern Zutaten belegt und mit Käse überbacken
LCD, die [46]; Flüssigkristallanzeige; Abkürzung für liquid crystal display
Leader, der [5]; Führer, Anführer; führender Klub
Lee, das [44]; dem Wind abgekehrte Seite (des Schiffes)
Lektion, die [1]; Unterrichtsstunde; Einheit in einem Lehrmittel
Lektüre, die [6]; Lesestoff
Leopard, der [15]; Großkatze in Afrika und Asien
Leukämie, die [1]; eine Erkrankung des Blutes
Liberalisierung, die [31]; Befreiung von Einschränkungen
linear [38]; geradlinig; linienförmig
Livesendung, die [16]; Direktsendung; Sendung ohne Zeitverzug
Logik, die [46]; folgerichtiges Denken, bei dem ein Gedanke sinnvoll zum nächsten führt
lokal [17]; örtlich, nicht überall, in gewissen Gebieten
Lokomotive, die [1]; Zugmaschine einer Eisenbahn
Lotterie, die [45]; Glücksspiel mit Losen
Love, die [45]; Liebe
Lunch, der [14, 27]; kleine, leichte Mahlzeit, vor allem am Mittag
Luv, das [45]; dem Wind zugekehrte Seite (des Schiffes)

Magier, der [6]; Zauberer
Magma, das [6]; Gesteinsschmelze
Majonnaise / Majonäse, die [25]; kalte, dickliche Sauce aus Eigelb, Öl und Gewürzen
Make-up, das [28]; Schminke; kosmetische Verschönerung
Manager / Managerin, der / die [26]; 1. Leiter(in) eines großen Betriebes; 2. Betreuer(in) von Künstlern, Sportlern usw.
Manipulation, die [18, 23, 32]; absichtliche Irreführung, Veränderung, Beeinflussung

Wörterverzeichnis

manipulieren [23]; absichtlich beeinflussen oder verändern, ohne dass der andere es merkt
Manöver, das [1]; geschickt ausgeführte Wendung eines Fahrzeugs
markieren [16]; mit Zeichen, Farben oder sonstwie hervorheben
Medaille, die [28]; Plakette als Auszeichnung für besondere Leistungen
Medikament, das [1]; Arzneimittel; Mittel zur Heilung von Krankheiten
medizinisch [17]; die Krankheiten (und die Gesundheit) des Menschen betreffend
Meeting, das [17]; Treffen, Zusammenkunft; Sportveranstaltung
Megafon, das [22]; (großes) Sprachrohr (mit Verstärker)
Melancholiker, der [17]; schwermütiger Mensch
mental [30]; geistig, gedanklich
Meringue, die / das [2, 28]; Schaumgebäck aus Eiweiß und Zucker
Meteorologe / Meteorologin, der / die [11]; Fachmann / Fachfrau für Wetter und Klima
Migräne, die [1]; sehr starkes Kopfweh
Minestrone, die [12]; italienische Gemüsesuppe aus Bohnen, Tomaten, Zwiebeln usw., mit Teigwaren oder Reis, oft mit geriebenem Käse
Mob, der [46]; Pöbel, Bande
mobben [43]; jemanden schikanieren, jemanden fertigmachen
mobil [16]; beweglich
Mobile, das [3]; hängendes, bewegliches Gebilde aus Stäben und Figuren
Moment, der [5]; Augenblick, kurze Zeitspanne; Zeitpunkt
momentan [17]; augenblicklich
Monarch, der [8]; legitimer (Allein)herrscher
Monarchie, die [20]; Alleinherrschaft, Herrschaft einer einzelnen Person
Monitor, der [6]; Bildschirm
monochrom [20]; einfarbig
Monokel, das [20]; Einglas; Brillenglas für ein Auge
monolateral [20]; einseitig
Monolog, der [20]; Selbstgespräch
Monopol, das [8, 15, 20]; alleiniger Anspruch, alleiniges Vorrecht an einer Sache
Monopoly, das [15]; Gesellschaftsspiel mit Würfeln, Spielgeld usw.
monoton [20, 39]; eintönig, gleichförmig
Monteur / Monteurin, der / die [26, 29]; Person, die Maschinen zusammenbaut oder installiert
Montur, die [15]; Kleidung für einen bestimmten Zweck, z.B. Töffmontur
Moped, das [15]; Kurzwort aus Motor und Pedal; Fahrrad mit Hilfsmotor, mit beschränkter Geschwindigkeit
Moräne, die [10]; Geröll, das von einem Gletscher abgelagert wurde
Morast, der [10]; Sumpfland
Motel, das [10]; Hotel an einer Autobahn
Motor, der [1, 46]; Maschine, die ein Gerät oder Fahrzeug antreibt
Mountainbike, das [15]; Velo für Gelände- oder Bergfahren
Mozzarella, der [12]; italienischer Fleischkäse aus Büffel- oder Kuhmilch; wird oft für Pizza verwendet
mysteriös [5]; geheimnisvoll

naiv [44]; unkritisch, einfältig
Necessaire, das [27]; das „Notwendige"; Täschchen mit den notwendigen Toilettensachen
negativ [6]; verneinend, ablehnend, ungünstig, schlecht
neo... [46]; neu; wieder aufgelebt
Neon, das [46]; ein Edelgas
netto [46]; (Gewicht) ohne Verpackung; Nettogewicht
News (Pl.), die [29]; Nachrichten, Neuigkeiten
Niveau, das [28]; eine Stelle auf einer Skala, mit der etwas gemessen wird
nobel [44]; vornehm, großmütig, edel
Nominativ, der [5]; Wer-Fall, 1. Fall

Obelisk, der [3]; viereckige, nach oben spitz zulaufende Säule
objektiv [45]; sachlich, sachbezogen; nicht von persönlichen Gefühlen bestimmt
Oboe, die [15]; Holzblasinstrument mit Löchern und Klappen
Oktober, der [15]; der zehnte Monat des Jahres
Oper, die [46]; musikalisches Bühnenwerk
Operation, die [23]; chirurgischer Eingriff
operieren [23]; einen chirurgischen Eingriff durchführen
opponieren [35]; widersprechen, sich widersetzen
Optimismus, der [22]; Zuversicht, lebensbejahende Grundhaltung
Orakel, das [8]; rätselhafte Weissagung; Vorhersage künftiger Ereignisse in Rätseln
Orange, die [12]; Südfrucht von oranger Farbe
Organisation, die [23]; Aufbau, Gestaltung
organisieren [23]; etwas vorbereiten, aufbauen, gestalten
Orient, der [44]; östliche Welt, Vorder- und Mittelasien
originell [43]; einzigartig, ungewöhnlich, oft witzig; komisch
Orkan, der [1]; sehr starker Sturm
Ornament, das [46]; Verzierung; Muster, mit dem Bauwerke oder Stoffe geschmückt werden

Pädagoge / Pädagogin, der / die [7]; Erzieher(in), Lehrer(in)
Pakt, der [45]; Vertrag, Übereinkommen
Palme, die [15]; tropische Bäume oder Sträucher; Dattel-, Kokospalme
Pamphlet, das [44]; Schmähschrift, Streitschrift
Parade, die [10]; prunkvoller Aufmarsch
paradox [10, 16, 45]; widersprüchlich, widersinnig
Paragraf, der [10]; kleiner Abschnitt in einem Gesetzbuch; Zeichen §
parallel [10]; im gleichen Abstand ohne Schnittpunkt
paranoisch [10]; geistesgestört
Parasit, der [10]; Schmarotzer
Parkett, das [35]; (gemusterter) Fußboden aus Holzstreifen
Parterre, das [15]; ("auf der Erde"), Erdgeschoss
Passagier, der [5]; Fahrgast, Fluggast
Passant, der [6]; Fußgänger
Peperoni (Pl.), die [15]; grüne, gelbe oder rote Paprikaschoten
perfekt [34]; einwandfrei, makellos, vollkommen, fehlerfrei
Pessimist, der [42]; jemand, der die Welt negativ anschaut und bei Schwierigkeiten das Schlechte, Negative erwartet; Schwarzseher
pessimistisch [16]; schwarzseherisch
Phänomen, das [18]; Erscheinung, die man beobachten kann, z.B. in der Natur
Physiker / Physikerin, der / die [11, 26]; Person, die die Gesetze der unbelebten Natur erforscht; Naturwissenschaftler(in)
Pi, das [45]; Kreiszahl; Verhältnis Kreisumfang zu Kreisdurchmesser; 3.1415...
pianissimo [17]; sehr leise; Abkürzung: pp
Picknick, das [14]; ein Imbiss im Freien
picknicken [14]; im Freien essen und trinken, oft auf einer Decke, die auf dem Boden ausgelegt wird
Pier, der [44]; Anlegestelle für Schiffe
Pilot, der [2]; Flugzeugführer
Pirat, der [6, 16]; Seeräuber
Pizza, die [12]; dünner Brotteig mit Tomaten, Käse und weiteren Zutaten, der im Ofen gebacken wird
Plastik, der [6]; Kunststoff
plausibel [16]; glaubwürdig, einleuchtend; klar, verständlich
plombieren [1]; Löcher im Zahn ausbohren und füllen
Pneu, der [6, 25]; Luftreifen; mit Luft aufgepumpter Gummischlauch an Fahrzeugen
Pokal, der [7]; kelchartiges Trinkgefäß; Siegestrophäe bei sportlichen Wettkämpfen
Poker, das [15]; Glücksspiel mit Karten
Pol, der [44]; Endpunkt der Erdachse
polychrom [20]; mehrfarbig; bunt
polyfon [20]; vielstimmig, mehrstimmig
polyglott [20]; vielsprachig, mehrsprachig
Polygon, das [20]; Vieleck
Pommes Chips (Pl.), die [25]; dünne, gebackene Kartoffelscheibchen, die kalt gegessen werden
Pommes frites (Pl.), die [12, 28]; in Öl gebackene Kartoffelstäbchen
Porzellan, das [1]; feine Tonware, die gebrannt wird
Posaune, die [15]; Blasinstrument mit ausziehbarem Röhrenteil
Potenzial, das [31]; Leistungsfähigkeit
Poulet, das [12, 25]; Brathuhn
Präposition, die [21]; Vorwort; Verhältniswort
Präsentation, die [6]; Darbietung
präsentieren [21]; vorzeigen, vorführen, darbieten, vorlegen, vorweisen
Prävention, die [6, 30]; Vorsorge, Vorbeugung, Maßnahmen zur Verhinderung einer Krankheit, eines Schadens usw.
präzis [6]; genau, exakt

Wörterverzeichnis

Praktikant, der [36]; jemand, der eine berufliche praktische Tätigkeit ausübt, um das Gelernte anzuwenden
pressieren [6]; eilen
Prestige, das [39]; Ansehen, Geltung
Prinzip, das [5]; Grundsatz, Grundlage
Priorität, die [18]; Vorrang; Stellenwert, Rangfolge
pro [45]; für, je
Proband, der [32]; Versuchsperson, Testperson
Problem, das [16, 33, 34]; Schwierigkeit, eine schwierig zu lösende Aufgabe
problematisch [1]; schwierig
produktiv [18]; leistungsstark; viel hervorbringend, ergiebig
Profil, das [35]; (eingekerbtes) Muster bei Schuhsohlen, Pneus usw.
profitieren [30]; Gewinn, Nutzen aus etwas ziehen, einen Vorteil haben
progressiv [18]; fortschrittlich, fortschreitend; sich an neuen Vorstellungen oder Werten orientieren
Projekt, das [31]; Planung einer Arbeit
propagieren [18]; verbreiten; für etwas werben
Prophylaxe, die [17]; Vorbeugung; Verhütung von Krankheiten
Prospekt, der [2]; ein Heft mit Informationen und Bildern über Waren und Angebote wie Reisen usw.
protestieren [13]; widersprechen, Einspruch erheben, deutlich zum Ausdruck bringen, dass man nicht einverstanden ist
Protokoll, das [35]; Niederschrift eines Verhörs, einer Verhandlung, einer Versammlung usw.
Proviant, der [14]; Verpflegung, die auf eine Wanderung oder auf einen Ausflug mitgenommen wird
provisorisch [1]; vorläufig, auf Zusehen hin
Provokation, die [23]; Herausforderung
provozieren [23]; herausfordern, reizen; auslösen, hervorrufen
Psychiater / Psychiaterin, der / die [11]; Facharzt / Fachärztin für seelische (psychische) Probleme und Krankheiten
Psychologe / Psychologin, der / die [26]; Person, die sich beruflich mit Psychologie (Lehre von der Seele) befasst
Psychologie [22]; Lehre von der Seele, vom seelischen Verhalten
psychologisch [32]; das seelische Verhalten betreffend
Publikum, das [1]; Menschen, die bei einer Aufführung zuschauen und zuhören
Puls, der [44]; Anschlagen der Blutwelle an den Arterien
Puzzle, das [34]; Bild aus vielen Einzelteilen
Pyjama, das (auch der) [5]; (zweiteiliger) Schlafanzug

Quadrat, das [3, 17]; Viereck mit vier rechten Winkeln und vier gleich langen Seiten
Quantum, das [38]; Menge
Quartal, das [17]; Vierteljahr (3 Monate)
Quartier, das [34]; Teil einer Stadt, Stadtviertel
Quiz, das [27]; ein unterhaltsames Frage- und Antwortspiel

raffiniert [35]; durchtrieben, gerissen, schlau; klug überlegt; trickreich
Rakete, die [3]; Flugkörper, Feuerwerkskörper
Rap, der [45]; (rhythmischer) Sprechgesang (in der Popmusik)
rasant [14]; sehr schnell, in hohem Tempo
Ravioli (Pl.), die [12]; mit Fleisch, Gemüse oder Käse gefüllte Teigwarentaschen, oft viereckig
reagieren [21]; auf etwas antworten, eingehen, ansprechen; eine (Gegen-) Wirkung zeigen
realisieren [18]; verwirklichen, umsetzen
Realismus, der [22]; Wirklichkeitssinn
Realität, die [5]; Wirklichkeit, Tatsache
Reanimation, die [23]; Wiederbelebung
reanimieren [23]; wiederbeleben
reduzieren [10, 30]; vermindern, abnehmen
Referent, der [45]; Redner, Vortragender
reflektieren [10, 33]; 1. nachdenken, überlegen; 2. zurückstrahlen
reformieren [21]; wieder (oder neu) gestalten
Refrain, der [39]; Kehrreim; etwas, das sich immer wiederholt
regenerieren [30]; sich erholen, sich wiederherstellen, erneuern
Regisseur, der [11]; künstlerischer Leiter im Theater oder im Film
Reklamation, die [23]; Beanstandung, Beschwerde
reklamieren [13, 23]; wegen Mängeln beanstanden
Rekord, der [17]; die beste Leistung, die jemand bisher erreicht hat
rekrutieren [10]; zusammenstellen, beschaffen
relativ [18]; vergleichsweise, verhältnismäßig, ziemlich
relaxen [30]; sich (körperlich) entspannen
Repetition, die [38]; Wiederholung
Reportage, die [29]; Berichterstattung, Kommentar
Reporter, der [38]; Berichterstatter
Reptil, das [9]; kriechendes Tier
Reservation, die [1, 23]; einen Platz für jemanden freihalten
reservieren [23]; für jemanden etwas freihalten
Restaurant, das [1]; Lokal, in dem man essen und trinken kann; Speiselokal
riskant [1]; gefährlich, gewagt
riskieren [13, 18]; etwas tun, das möglicherweise negative Folgen hat
Risotto, der [12]; feuchtes Reisgericht, oft mit Tomaten, Gemüse oder Fleisch und Käse
Ritual, das [44]; Zeremonie
Rivella, das [12]; Getränk aus Milchserum
Roboter, der [3]; Maschinenmensch; Apparat, der äußerlich wie ein Mensch aussieht und gewisse Arbeiten ausführt
Roman, der [9, 44]; eine längere Geschichte, die von erfundenen Personen oder Ereignissen handelt
Roulade, die [12]; gerollte Form; z.B. mit süßer Füllung bestrichener Teig, der gerollt wird
Routine, die [46]; Gewandtheit, Übung; etwas sehr geschickt, schnell und sicher ausführen
Rubin, der [17]; ein roter Edelstein
Ruine, die [14]; Reste eines größeren, alten Gebäudes
Rune, die [46]; germanisches Schriftzeichen

Sabotage, die [28]; mutwillige Beschädigung oder Zerstörung von Maschinen usw.
salopp [34]; unbekümmert, ungezwungen
Samba, der [15]; lateinamerikanischer Tanz
Sandwich, das [12, 25]; zwei mit Butter bestrichene Brotscheiben, die mit Fleisch, Käse, Tomaten, Gurken usw. belegt sind
Sauna, die [15]; Holzhäuschen mit trockener Hitze, wobei immer wieder Wasser zum Verdampfen gebracht wird; „Schwitzstube"
Schokolade, die [12]; Süßspeise aus Zucker, Milch und Kakao
Scrabble, das [15]; eine Art Kreuzworträtsel mit beweglichen Buchstaben
Sekretär / Sekretärin, der [1, 24]; Person, die Büroarbeiten macht
Sektion, die [24]; Abteilung, Bereich
Sektor, der [24]; Bezirk, Gebiet, Teil eines Ganzen
Sekundarschule, die [24]; Oberstufe der Volksschule
Sekunde, die [24, 32]; kleinste Zeiteinheit, 60. Teil einer Minute
Sensation, die [43]; überraschendes Ereignis, das Aufsehen erregt
September, der [15]; der neunte Monat des Jahres
Service, der [29]; 1. Bedienung; 2. Dienstleistungen, die eine Firma anbietet, Kundendienst; 3. ein Satz von zusammengehörenden Tellern, Tassen usw.
shampoonieren / schamponieren [13]; die Haare mit Shampoo waschen
Shirt, das [24]; (meistens kurzärmliges) Oberteil
Shop, der [24]; Geschäft, Laden
shoppen [13, 27]; einkaufen, einen Einkaufsbummel machen
Shoppingcenter, das [1]; Einkaufszentrum
Shorts, die [24]; kurze Hose
Show, die [24, 27]; Schau, Vorführung, buntes Unterhaltungsprogramm
Shuttle, der [24]; Kurzform von Spaceshuttle; Flugkörper, der Menschen und Material zu einem Satelliten bringt
Signal, das [16]; Zeichen (Ton oder Licht) mit bestimmter Bedeutung
Simulation, die [23]; Verstellung, Vortäuschung, z.B. einer Krankheit
simulieren [23]; vortäuschen, z.B. eine Krankheit
Skateboard, das [5]; Rollbrett

KOHL VERLAG FREMDWÖRTER ... verstehen und richtig anwenden – Bestell-Nr. 11 071

Wörterverzeichnis

Slum, der [27]; Armenviertel, Elendsviertel (von Großstädten)
Smaragd, der [17]; ein grüner Edelstein
Softice / Softeis, das [12]; weiches Rahmeis, oft im Cornet
solidarisch [9]; füreinander einstehend, einander helfend, gemeinsam
Song, der [15]; ein populäres Lied der Unterhaltungsmusik
Souvenir, das [5, 27]; Andenken, Erinnerungsstück
Spagat, der [44]; Beine so spreizen, dass sie eine Gerade bilden
Spaghetti / Spagetti (Pl.), die [12]; lange, schmale, runde Teigwaren
spazieren [13, 25]; gemütlich im Freien gehen, meistens ohne bestimmtes Ziel
speditiv [42]; zügig, rasch
speziell [31, 32]; besonders
Spinat, der [2]; Blattgemüse
Spion / Spionin, der / die [26]; Person, die versucht, geheime Informationen zu erhalten; Agent(in)
Spital, das [4]; Krankenhaus
Spleen, der [27]; Schrulle, Marotte, Verrücktheit
Spraydose, die [1]; Behälter mit Flüssigkeit, die durch Druck in Tröpfchen versprüht wird
stabil [14]; beständig; dauerhaft; im Gleichgewicht
Station, die [4, 39]; 1. Haltestelle, Bahnhof; 2. Abteilung im Spital
Stativ, das [44]; dreibeiniges Gestell für Apparate
Statue, die [35]; Standbild, dreidimensionale Darstellung eines Menschen oder eines Tieres
Statur, die [10]; Körpergestalt
Status, der [10]; Zustand
Statut, das [10]; eine Art Grundgesetz
Steak, das [12]; ein Stück Fleisch, das kurz und heiß gebraten wird
Steppe, die [8]; eine baumlose, trockene Graslandschaft
Strapaze, die [6]; eine große Anstrengung, die den Körper sehr belastet; Überanstrengung
strapaziös [1]; anstrengend, beschwerlich
Strategie, die [7]; ein genauer Plan des Vorgehens; im Voraus verschiedene Dinge berücksichtigen, die den Plan beeinflussen
Struktur, die [31]; Gliederung, Aufbau, Gefüge
Substanz, die [32]; 1. Materie; 2. das Wesentliche einer Sache
subtrahieren [13, 15]; eine Zahl von einer andern abzählen
surfen [13, 36]; 1. auf dem Surfbrett über das Wasser segeln; 2. Informationen im Internet suchen
suspekt [45]; verdächtig, fragwürdig
Sympathie, die [6, 41]; Zuneigung, Wohlgefallen
Synonym, das [42]; ein Wort, das die gleiche Bedeutung hat wie ein anderes Wort
System, das [36]; Gliederung, Ordnungsprinzip; Zehnfingersystem: auf der Tastatur blind schreiben

T-Shirt, das [3, 29]; (meistens kurzärmliges) Oberteil
Tachometer, der [1]; Geschwindigkeitsmesser in einem Fahrzeug
Taifun, der [1]; Wirbelsturm (in Südostasien)
Takt, der [2]; 1. Maß für den Rhythmus eines Musikstücks; 2. Anstand
Tango, der [15]; lateinamerikanischer Tanz
Teamleiter / Teamleiterin, der / die [26]; Person, die eine Gruppe (ein Team) leitet
Tearoom, der [2]; Teestube
Techniker, der [15]; Fachmann für technische Angelegenheiten
Telefon, das [22]; Fernsprecher
telefonieren [13]; fernsprechen; über das Telefon mit jemandem sprechen
Telepathie, die [10]; Gedankenübertragung, Gedankenlesen
Teleskop, das [10]; Fernrohr
Television, die [10]; Fernsehen
temporär [31]; vorübergehend, zeitweise
Tendenz, die [46]; Absicht, Neigung; Entwicklung in eine bestimmte Richtung
Termin, der [16]; festgesetzter Zeitpunkt
Terrasse, die [1]; größerer Raum vor oder auf einem Gebäude
Terrine, die [40]; Suppenschüssel
Text, der [1]; zusammenhängende Sätze
Theater, das [1]; Ort oder Raum, wo Schauspiele usw. aufgeführt werden
Therapeut, der [10]; jemand, der andere behandelt, eine Therapie vornimmt
Therapie, die [42]; Behandlung von Krankheiten, Heilbehandlung
Thermometer, das [10, 22]; Temperaturmessgerät, z.B. Fiebermesser
Thermostat, der [10]; automatischer Temperaturregler
Toastbrot, das [12]; geröstete Brotscheibe
Tombola, die [10]; Verlosung von Gegenständen
top [44]; hochmodern; hervorragend
topfit [21]; in bester Form, in Höchstform
Topstar, der [21]; Star der Spitzenklasse
Tortellini (Pl.), die [12]; kleine, mit Fleisch, Gemüse oder Käse gefüllte Teigwarentaschen
Tortilla, die [15]; lateinamerikanisches Fladenbrot; spanische Omelette
Tour, die [14, 46]; Ausflug
Tourist / Touristin, der / die [26]; Ferienreisende(r); Person, die fremde Länder bereist
Tradition, die [45]; Überlieferung (z.B. kultureller Werte), Brauch
Trainer / Trainerin , der / die [26]; Person, die Sportler trainiert
trainieren [13]; üben, um hohe Fertigkeit zu erlangen
Traktor, der [3]; landwirtschaftliches Fahrzeug
Trend, der [18]; Grundrichtung der Entwicklung
Triangel, der [20]; Dreieck; musikalisches Schlaginstrument
Triathlon, das [20]; Dreikampf (Schwimmen, Radfahren und Laufen)
Trip, der [44]; Ausflug, Reise
Trompete, die [15]; Blasinstrument aus Messing mit Ventilen
Trottoir, das [29]; leicht erhöhter Gehweg für Fußgänger
Tsunami, der [1]; plötzliche, sehr hohe Welle im Meer
Tumor, der [10]; Geschwulst, Gewächs, Gewebswucherung
Tumult, der [10]; Lärm, Unruhe, Aufruhr
Typ, der [25]; Kerl

uni [5]; einfarbig
Unikum, das [9]; ein origineller Mensch, den andere oft lustig finden
unsympathisch [25]; nicht ansprechend, nicht zusagend, abstoßend

Vakuum, das [45]; luftleerer Raum
Vampir, der [39]; 1. Blut saugendes Gespenst; 2.Fledermaus, die Blut von andern Tieren saugt
Veranda, die [35]; gedeckte Terrasse
Villa, die [15]; größeres, vornehmes, in einem Garten oder Park liegendes Einfamilienhaus; herrschaftliches Landhaus
Viola, die [10]; Streichinstrument, Bratsche
Violine, die [2, 10]; Streichinstrument, Geige
Violoncello, das [10]; Streichinstrument, Cello, Kniegeige
Virus, das [39]; kleinster Krankheitserreger
Visier, das [34]; ins Visier nehmen: ins Auge fassen
Vitalenergie [30]; Lebenskraft
Vulkan, der [2]; Berg, aus dem eine heiße Flüssigkeit oder heiße Gase kommen; Feuer speiender Berg

Weekend, das [28]; Wochenende
Wellness, die [30]; Wohlbefinden, Wohlgefühl

Zahnarzt, der [1, 16]; Arzt für die Zähne
Zentrum, das [6]; Mittelpunkt
Zeremonie, die [44]; feierliche Handlung; Ritual
Zirkus, der [1, 13]; Unternehmen, das das Publikum mit dressierten Tieren, Clowns, Jongleuren und andern Artisten und Kunststücken unterhält
Zisterne, die [8]; unterirdischer Raum oder Tank zum Auffangen von Regenwasser
Zitat, das [9]; wörtlich wiedergegebener Ausspruch
zitieren [18]; etwas wörtlich wiedergeben
Zoologe, der [11]; jemand, der sich beruflich mit Tierkunde (Zoologie) befasst
Zoologie, die [22]; Tierkunde
Zucchini, die [12, 15]; gurkenähnliche Frucht einer bestimmten Kürbispflanze

1 Warum Fremdwörter?

Ein Leben ohne Fremdwörter

Ohne Fremdwörter wäre vieles schwierig oder gar unmöglich.

Aufgabe 1: *Unterstreiche alle Fremdwörter (oder markiere sie farbig).*

1. In den Firmen gäbe es keine Chefs, keine Direktoren und keine Sekretärin.
2. Die Feuerwehr könnte die Schläuche nicht an Hydranten anschließen.
3. Die Lehrpersonen dürften keine Texte diktieren und keine Geometrieaufgaben geben.
4. Das Alphabet und die Grammatik würden abgeschafft; Lektionen gäbe es keine mehr.
5. Die Apotheke dürfte keine Medikamente und keine Kosmetikartikel verkaufen.
6. Ärzte dürften keine Diagnosen stellen und Zahnärzte keine Zähne plombieren.
7. Karies, Migräne, Leukämie und komplizierte Frakturen wären unbekannt.
8. Astrologen dürften keine Horoskope mehr erstellen.
9. Autos würden mitsamt Motor und Tachometer verschrottet.
10. Katastrophen, Tsunamis, Taifune und Orkane wären unbekannt.
11. Akrobaten, Jongleure und andere Artisten dürften nicht auftreten.
12. Architekten dürften keine Terrassen und Balkone mehr zeichnen.
13. Die Friseurin dürfte niemanden mehr frisieren, und es gäbe keinen Friseursalon.
14. Alle Restaurants, Beautycenter, Shoppingcenter und Garagen müssten schließen.
15. Geniale Ideen, riskante Manöver und strapaziöse Ferien wären nicht möglich.
16. Provisorische und definitive Reservationen könnte niemand machen.
17. Spraydosen aus Aluminium und Geschirr aus Porzellan wären nicht erfunden worden.
18. Eisenbahnen müssten ohne Lokomotive und ohne Elektrizität fahren.
19. Aggressive und problematische Hooligans müssten friedlich werden.
20. Theater, Kino, Zirkus und Konzert hätten kein Publikum mehr.

Vieles gäbe es nicht, aber es gibt Arbeitsblätter über die Fremdwörter!

Warum?

Weil es für Fremdwort kein Fremdwort gibt!

KOHL VERLAG
FREMDWÖRTER ... verstehen und richtig anwenden – Bestell-Nr. 11 071

1 Warum Fremdwörter?

Was sind Fremdwörter?

> Fremdwörter sind Wörter aus anderen Sprachen.
> Sie sind zum Teil vor langer Zeit in die deutsche Sprache gekommen.

Bei vielen Wörtern hast du nicht den Eindruck, dass es Fremdwörter sind, weil du sie sehr oft brauchst und sie dir vertraut sind.

Dennoch ist es aus verschiedenen Gründen wichtig, dass du Fremdwörter erkennst.

- Sie werden anders ausgesprochen.
  Beispiele: Quiz *[kwis]*; Jeans *[tschiins]*; Chauffeur *[schofför]*; fair *[fäär]*
- Man schreibt sie ohne h, auch wenn der Vokal davor lang ausgesprochen wird.
  Beispiele: Kam**e**l (aber Bef**eh**l); Ton (aber S**oh**n); Kultur (aber **Uh**r); Kran (aber B**ah**n)
- Man schreibt sie ohne ck, auch wenn der Vokal davor kurz ausgesprochen wird.
  Beispiele: Kriti**k** (aber Tri**ck**); Scho**k**olade (aber Scho**ck**); Le**k**tion (aber le**ck**er)

Diese Merkmale von Fremdwörtern helfen dir, sie richtig auszusprechen und richtig zu schreiben.

Aufgabe 2: *Schreibe die folgenden Fremdwörter in die richtige Spalte.*

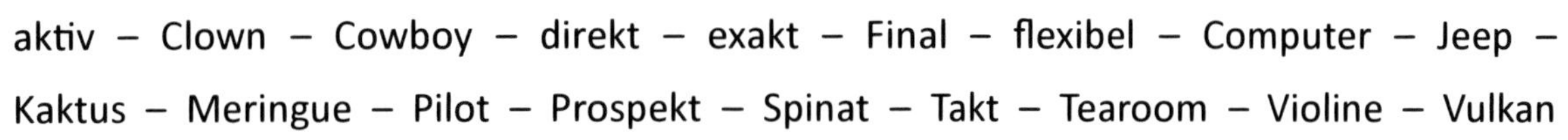

aktiv – Clown – Cowboy – direkt – exakt – Final – flexibel – Computer – Jeep –
Kaktus – Meringue – Pilot – Prospekt – Spinat – Takt – Tearoom – Violine – Vulkan

anders ausgesprochen	kein h (trotz langem Vokal)	kein ck (trotz kurzem Vokal)

Fremdwörter gehören zum Leben

Keine Sprache kommt ohne Fremdwörter aus. Die englische und die spanische Sprache zum Beispiel haben das Wort „Kindergarten" aus dem Deutschen übernommen. Für englisch oder spanisch sprechende Menschen ist „Kindergarten" also ein Fremdwort – für dich nicht.

Auch viele andere deutsche Wörter sind in die verschiedensten Sprachen ausgewandert und sind dort Fremdwörter. Und umgekehrt sind viele Wörter aus andern Sprachen in die deutsche Sprache eingewandert und sind für uns Fremdwörter.

Oft wird das fremde Wort zusammen mit der Sache, die es bezeichnet, übernommen.

Aufgabe 3: *Schreibe die folgenden Begriffe zum richtigen Gegenstand.*

Computer – Couch – Grapefruit – Helikopter – Jumbojet – Kaktus – Krokodil – Mobile – Obelisk – Quadrat – Rakete – Roboter – Traktor – T-Shirt

a) ____________________ h) ____________________

b) ____________________ i) ____________________

c) ____________________ j) ____________________

d) ____________________ k) ____________________

e) ____________________ l) ____________________

f) ____________________ m) ____________________

g) ____________________ n) ____________________

KOHL VERLAG FREMDWÖRTER ... verstehen und richtig anwenden – Bestell-Nr. 11 071

1 Warum Fremdwörter?

Ohnmächtig ...

Damit die Menschen einander verstehen, müssen sie die gleiche Sprache sprechen und schreiben. Alle müssen wissen, was die Wörter bedeuten. Dazu eine kleine Geschichte.

Herr Corell wird in die Notaufnahme des Krankenhauses eingeliefert. Er ist ohnmächtig. Der Arzt fragt seine Frau, was denn geschehen sei. Die Frau erzählt: „Wir haben friedlich über den Film diskutiert, den wir uns im Fernsehen angeschaut haben. Ich fand die Kapitelle von Italien sehr schön und sagte, wir könnten mal hinfahren.“ Mein Mann antwortete: „Ein Kapitell ist der obere Teil einer Säule.
Du meinst die Kapitale von Italien, also die Hauptstadt Rom.“

Ich: „Nein, Kapitale heißen die Abschnitte in einem Buch.“
Mann: „Nein, ein Abschnitt in einem Buch heißt Kapitel.“
Ich: „Nein, das heißt Kapital.“
Mann: „Mein lieber Schatz, Kapital sind Vermögenswerte.“
Ich: „Falsch, das ist das Kapitol.“
Mann: „Nein, Kapitol ist der Platz in Rom, den wir im Film gesehen haben.“
Ich: „Im Film haben sie aber Kapriole gesagt.“
Mann: „Ja, aber eine Kapriole ist ein Luftsprung oder ein Streich.“
Ich: „Aber das ist eine Karikatur.“
Mann: „Eine Karikatur ist eine witzige Zeichnung.“
Ich: „Nein, lieber Mann, das ist eine Karriere.“

Dann sagte mein Mann: „Es ist eine Katastrophe ...“ und wurde ohnmächtig.

Der Arzt setzt sich, da öffnet der Patient die Augen. Als er seine Frau sieht, packt er den Arzt am Ärmel und meint: „Herr Doktor, meine Frau ist desorientiert, sie verwechselt ...“

Frau: „Herr Doktor, mein Mann meint disloziert ...“
Arzt: „Herr Corell, beruhigen Sie sich, ich wäre schon beim Kapitol ohnmächtig geworden.“

Aufgabe 4: *Was trifft zu? Schreibe die richtige Umschreibung aus dem Text neben das Wort.*

a) Karikatur ➔ ______________________

b) Kapriole ➔ ______________________

c) Kapital ➔ ______________________

d) Kapitale ➔ ______________________

e) Kapitel ➔ ______________________

f) Kapitell ➔ ______________________

KOHL VERLAG FREMDWÖRTER ... verstehen und richtig anwenden – Bestell-Nr. 11 071

2 Fremdwörter und ihre Bedeutung

Das passende deutsche Wort

Du brauchst immer wieder Gegenstände, die mit Fremdwörtern bezeichnet werden, und du kennst auch viele Fremdwörter.

Oft entspricht einem Fremdwort ein einziges deutsches Wort. Es braucht also keine Umschreibungen.

Aufgabe 1: *Welche Wörter passen zusammen? Schreibe die folgenden Wörter zum passenden Fremdwort.*

> Abc – Andenken – angriffslustig – Auflauf – Augenblick – einfarbig – Einzelheit – Entfernung – Fahrgast – Führer – geheimnisvoll – Grundform – Grundsatz – Gutschein – Haartrockner – Kaugummi – Kleinigkeit – Liebhaberei – Rollbrett – Schlafanzug – Anziehungskraft – umsonst – Verbesserung – Wer-Fall – Wirklichkeit

1. aggressiv ____________
2. Alphabet ____________
3. Bagatelle ____________
4. Bon ____________
5. Chewinggum ____________
6. Detail ____________
7. Distanz ____________
8. Fön ____________
9. Gratin ____________
10. Gravitation ____________
11. gratis ____________
12. Hobby ____________
13. Infinitiv ____________
14. Korrektur ____________
15. Leader ____________
16. Moment ____________
17. mysteriös ____________
18. Nominativ ____________
19. Passagier ____________
20. Prinzip ____________
21. Pyjama ____________
22. Realität ____________
23. Skateboard ____________
24. Souvenir ____________
25. uni ____________

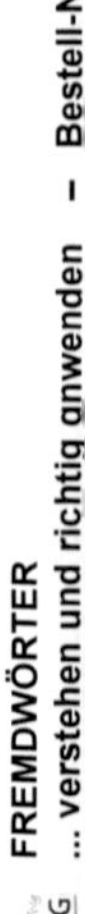

2 Fremdwörter und ihre Bedeutung

Das passende Fremdwort

Aufgabe 2: *Schreibe die folgenden Fremdwörter zum passenden deutschen Wort.*

Ambulanz – Grammatik – imitieren – Imperativ – Instruktion – komplett – kompliziert – Konsonant – korrekt – Magma – Lektüre – Magier – Monitor – negativ – Passant – Pirat – Plastik – Pneu – Präsentation – Prävention – präzise – pressieren – Strapaze – Sympathie – Zentrum

1.	Anstrengung	____________	14.	Mittelpunkt	____________
2.	Anweisung	____________	15.	nachahmen	____________
3.	Befehlsform	____________	16.	richtig	____________
4.	Bildschirm	____________	17.	schwierig	____________
5.	Darbietung	____________	18.	Seeräuber	____________
6.	eilen	____________	19.	Sprachlehre	____________
7.	Fußgänger	____________	20.	verneinend	____________
8.	genau	____________	21.	vollständig	____________
9.	Krankenwagen	____________	22.	Vorsorge	____________
10.	Kunststoff	____________	23.	Zauberer	____________
11.	Lesestoff	____________	24.	Zuneigung	____________
12.	Luftreifen	____________	25.	Gesteinsschmelze	____________
13.	Mitlaut	____________			

Was ist das?

Oft braucht es eine Umschreibung, um ein Fremdwort zu erklären.

Im Zweifelsfall im Wörterverzeichnis nachschauen!

Aufgabe 3: *Kreuze die Möglichkeit an, die dir am passendsten erscheint.*

1. der Import
- ☐ etwas sehr Wichtiges
- ☐ die Einfuhr von Waren
- ☐ der Eindruck, den andere von uns haben

2. ein Pokal
- ☐ ein kelchartiges Trinkgefäß
- ☐ ein Mittel, um die Oberfläche glänzend zu machen
- ☐ ein Laborgerät

3. eine Hypothese
- ☐ ein starker Schmerz
- ☐ eine unbewiesene Annahme
- ☐ die dem rechten Winkel gegenüberliegende Seite

4. eine Pädagogin
- ☐ eine Kennerin aller Schriften
- ☐ eine Kinderärztin
- ☐ eine Fachfrau für Erziehung

5. eine Kastagnette
- ☐ eine essbare Frucht des Kastanienbaumes
- ☐ eine militärische Befestigungsanlage
- ☐ ein kleines Rhythmusinstrument

6. ein Botaniker
- ☐ ein Fachmann für Pflanzen
- ☐ ein schwimmendes Hotel
- ☐ ein südamerikanischer Tanz

7. eine Allergie
- ☐ ein Zwiebelgewächs
- ☐ ein fröhliches Tanzstück
- ☐ eine körperliche Überempfindlichkeit

KOHL VERLAG FREMDWÖRTER ... verstehen und richtig anwenden – Bestell-Nr. 11 071

2 Fremdwörter und ihre Bedeutung

8. eine Strategie
- ☐ eine bestimmte Wolkenform
- ☐ ein genauer Plan des Vorgehens
- ☐ ein chemisches Element

9. ein Aquarium
- ☐ ein Bild, das mit Wasserfarben gemalt ist.
- ☐ ein Glaskasten mit Fischen und Wasserpflanzen
- ☐ ein spezielles Mineralwasser

10. eine Steppe
- ☐ ein spezieller Tanz
- ☐ ein medizinisches Instrument
- ☐ eine baumlose, trockene Graslandschaft

11. ein Monarch
- ☐ ein Herrscher
- ☐ ein Bildschirm
- ☐ ein Gebiet, in dem Mohn angebaut wird

12. ein Dialog
- ☐ ein italienischer Dialekt
- ☐ ein harter Edelstein
- ☐ ein Gespräch zwischen zwei Personen

13. ein Orakel
- ☐ eine alte griechische Stadt
- ☐ eine rätselhafte Weissagung
- ☐ eine dunkel gefärbte Brille

14. ein Monopol
- ☐ ein Gesellschaftsspiel
- ☐ das alleinige Recht auf den Verkauf eines Produktes
- ☐ ein Selbstgespräch

15. eine Zisterne
- ☐ ein unterirdischer Raum zum Auffangen von Regenwasser
- ☐ eine Ansammlung von Sternen
- ☐ ein Mönch

16. eine Disharmonie
- ☐ eine Unstimmigkeit oder ein Missklang
- ☐ ein Orchester, das schlecht zusammenspielt
- ☐ schöne Musik in der Diskothek

Was gehört zusammen?

Aufgabe 4: *Schreibe die Fremdwörter zur passenden Erklärung.*

Bakterien – Beduinen – Digitaluhr – egoistisch – Entertainer – Globus – Horizont – Reptil – Roman – solidarisch – Unikum – Zitat

1. Menschen, die füreinander einstehen und einander helfen, sind ... ________________

2. Arabische Nomaden heißen ... ________________

3. Die Begrenzungslinie zwischen Himmel und Erde heißt ... ________________

4. Jemand, der das Publikum auf lustige Art unterhält, ist ein ... ________________

5. Die Kugel mit dem Abbild der Erdoberfläche heißt ... ________________

6. Kleinste Lebewesen, die oft Krankheiten verursachen, heißen ... ________________

7. Eine längere Geschichte, die von erfundenen Personen oder Ereignissen handelt, ist ein ... ________________

8. Jemand, der nur an sich selber denkt, ist ... ________________

9. Ein origineller Mensch, den andere oft lustig finden, ist ein ... ________________

10. Eine wörtlich wiedergegebene Aussage aus einem Buch ist ein ... ________________

11. Eine Uhr, die die Zeit nicht durch drehbare Zeiger angibt, sondern als Zahl, ist eine ... ________________

12. Ein Tier, das kriecht (z.B. eine Eidechse oder eine Schlange), ist ein ... ________________

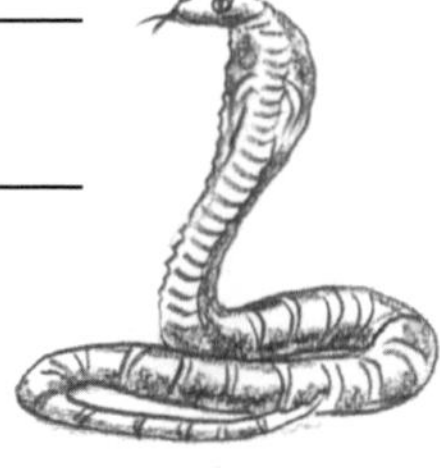

KOHL VERLAG
FREMDWÖRTER ... verstehen und richtig anwenden – Bestell-Nr. 11 071

2 Fremdwörter und ihre Bedeutung

Nicht verwechseln

Du musst gut aufpassen, dass du Fremdwörter nicht verwechselst. Manchmal sehen sie ähnlich aus, bedeuten aber etwas ganz anderes.

Aufgabe 5: *Welches Fremdwort passt? Kreuze an.*

1.	mutwillig zerstören	☐ deportieren	☐ demolieren	☐ demontieren
2.	Leibwächter	☐ Bodylotion	☐ Bodega	☐ Bodyguard
3.	Pflanzenwelt	☐ Fauna	☐ Flora	☐ Floskel
4.	widersprüchlich	☐ paradox	☐ parallel	☐ paranoisch
5.	Weltraum	☐ Kosmetik	☐ Korso	☐ Kosmos
6.	Sumpfland	☐ Morast	☐ Moräne	☐ Motel
7.	Selbsttäuschung	☐ Illustration	☐ Illusion	☐ Imitation
8.	Nachahmung	☐ Illustration	☐ Illusion	☐ Imitation
9.	Schmarotzer	☐ Parasit	☐ Parade	☐ Paragraf
10.	Fenstervorhang	☐ Gardist	☐ Gardine	☐ Ganove
11.	Weltraumfahrer	☐ Astronom	☐ Astronaut	☐ Astrologe
12.	plötzlich auftretend	☐ aktuell	☐ akustisch	☐ akut
13.	Bratsche	☐ Violine	☐ Viola	☐ Violoncello
14.	Geschwulst	☐ Tumor	☐ Tumult	☐ Tombola
15.	Fernrohr	☐ Television	☐ Telepathie	☐ Teleskop
16.	Temperaturmesser	☐ Therapeut	☐ Thermometer	☐ Thermostat
17.	vermindern	☐ rekrutieren	☐ reduzieren	☐ reflektieren
18.	Körpergestalt	☐ Statur	☐ Status	☐ Statut

KOHL VERLAG FREMDWÖRTER ... verstehen und richtig anwenden – Bestell-Nr. 11 071

2 Fremdwörter und ihre Bedeutung

Wie heißt der Spezialist/die Spezialistin?

Viele Berufsbezeichnungen sind Fremdwörter.

Aufgabe 6: *Schreibe die Namen der Spezialisten neben ihre Tätigkeit.*

Agronom – Ägyptologe – Astronaut – Astronomin – Chirurgin – Dresseur – Geologin – Historikerin – Juristin – Konditor – Meteorologin – Physiker – Psychiaterin – Regisseur – Zoologe

1. Er ist der künstlerische Leiter im Theater oder Film. ____________
2. Er stellt Feingebäck her. ____________
3. Sie operiert Patienten im Spital. ____________
4. Er ist Spezialist für Tiere. ____________
5. Sie befasst sich mit der Entwicklung der Erde. ____________
6. Ihr Fachgebiet ist das Wetter. ____________
7. Er richtet Tiere ab. ____________
8. Sie ist Spezialistin für seelische Krankheiten. ____________
9. Er erforscht Kultur und Sprache des alten Ägypten. ____________
10. Sie ist Stern- und Himmelsforscherin. ____________
11. Er fliegt mit dem Raumschiff in den Weltraum. ____________
12. Er erforscht die Naturgesetze der unbelebten Natur. ____________
13. Er ist auf den Ackerbau spezialisiert. ____________
14. Sie befasst sich mit Gesetzen und Rechtsprechung. ____________
15. Sie interessiert sich speziell für Geschichte. ____________

KOHL VERLAG FREMDWÖRTER ... verstehen und richtig anwenden – Bestell-Nr. 11 071

3 Fremdwörter im Alltag

Essen und Trinken

Die Mutter von Reinhard hat vorgeschlagen, einen Monat lang nur noch Speisen aufzutischen, die nicht mit Fremdwörtern bezeichnet werden.

Reinhard überlegt, worauf er verzichten müsste und was er essen und trinken dürfte.

Aufgabe 1: *Kreuze an.*

	darf er	darf er nicht		darf er	darf er nicht		darf er	darf er nicht
Nudeln	☐	☐	Broccoli	☐	☐	Käseküchlein	☐	☐
Rüben	☐	☐	Milch	☐	☐	Pizza	☐	☐
Poulet	☐	☐	Fischfilets	☐	☐	Fleischkäse	☐	☐
Birnen	☐	☐	Cornflakes	☐	☐	Icetea	☐	☐
Kuchen	☐	☐	Kirschen	☐	☐	Ananas	☐	☐
Gurken	☐	☐	Schokolade	☐	☐	Kebap	☐	☐
Hörnchen	☐	☐	Aubergine	☐	☐	Risotto	☐	☐
Gehacktes	☐	☐	Steak	☐	☐	Fischstäbchen	☐	☐
Apfelmus	☐	☐	Butterzopf	☐	☐	Roulade	☐	☐
Traubensaft	☐	☐	Spätzle	☐	☐	Grießknödel	☐	☐
Brot	☐	☐	Truthahn	☐	☐	Bouillon	☐	☐
Kartoffelbrei	☐	☐	Orangensaft	☐	☐	Rivella	☐	☐
Rahmschnitzel	☐	☐	Tortellini	☐	☐	Nüsse	☐	☐
Blumenkohl	☐	☐	Zucchini	☐	☐	Haferflocken	☐	☐
Ravioli	☐	☐	Minestrone	☐	☐	Mozzarella	☐	☐
Pommes Frites	☐	☐	Caramelcreme	☐	☐	Cervelat	☐	☐
Coca Cola	☐	☐	Joghurt	☐	☐	Toastbrot	☐	☐
Sandwich	☐	☐	Wasser	☐	☐	Fruchtsaft	☐	☐
belegtes Brot	☐	☐	Grapefruitsaft	☐	☐	Bohnen	☐	☐
Curryeis	☐	☐	Ketchup	☐	☐	Beeren	☐	☐
Süßmost	☐	☐	Chicorée	☐	☐	Chips	☐	☐
Spaghetti	☐	☐	Eier	☐	☐	Butter	☐	☐
Lauch	☐	☐	Emmentaler	☐	☐	Lasagne	☐	☐
Rösti	☐	☐	Apfelsaft	☐	☐	Softice	☐	☐

3 Fremdwörter im Alltag

Tätigkeiten

Vanessa und Joel haben eine Liste mit Tätigkeiten zusammengestellt. Sie wollen eine Woche lang nur das tun, was mit deutschen Wörtern bezeichnet wird.

Was dürfen sie tun, was nicht?

Aufgabe 2: *Kreuze an.*

	tun	nicht tun		tun	nicht tun		tun	nicht tun
schlafen	☐	☐	gamen	☐	☐	Grimassen schneiden	☐	☐
tanzen	☐	☐	spielen	☐	☐	Grammatik lernen	☐	☐
essen	☐	☐	singen	☐	☐	den Tisch decken	☐	☐
lernen	☐	☐	diskutieren	☐	☐	sich konzentrieren	☐	☐
fernsehen	☐	☐	kritisieren	☐	☐	Fahrrad fahren	☐	☐
telefonieren	☐	☐	rennen	☐	☐	in die Disco gehen	☐	☐
trinken	☐	☐	fotografieren	☐	☐	Zähne putzen	☐	☐
lügen	☐	☐	chatten	☐	☐	ins Kino gehen	☐	☐
spazieren	☐	☐	kickboxen	☐	☐	exakt rechnen	☐	☐
turnen	☐	☐	aufräumen	☐	☐	im Zirkus applaudieren	☐	☐
surfen	☐	☐	sprechen	☐	☐	Zahlen subtrahieren	☐	☐
lesen	☐	☐	bluffen	☐	☐	Geschirr abtrocknen	☐	☐
trainieren	☐	☐	lachen	☐	☐	tief einatmen	☐	☐
shoppen	☐	☐	babysitten	☐	☐	Batterien aufladen	☐	☐
joggen	☐	☐	computern	☐	☐	den Amseln zuhören	☐	☐
schwimmen	☐	☐	protestieren	☐	☐	schlechte Noten riskieren	☐	☐
reklamieren	☐	☐	träumen	☐	☐	die Haare shampoonieren	☐	☐

FREMDWÖRTER verstehen und richtig anwenden – Bestell-Nr. 11 071
KOHL VERLAG

3 Fremdwörter im Alltag

Bericht über einen Ausflug

Eine Gruppe von Jugendlichen hat einen Fahrradausflug gemacht und einen kurzen Bericht darüber geschrieben. Bevor er in der Schülerzeitung gedruckt wird, korrigierst du die Fehler.

Aufgabe 3: *Streiche alle Rechtschreibfehler an und schreibe die Wörter richtig daneben.*

Ein stabieles Hochdruckgebiet war angesagt. Das giebt einen Prachttag für unsere Fahrradtur. Wir fuhren früh los, damit wir uns nicht während der heißesten Zeit abstrampeln mussten. Es waren einige Höhendiferenzen zu überwinden, um zum Lurmersee zu gelangen. Dort wollten wir pikniken und baden, falls das Wasser nicht zu kalt währe.

Leider mussten wir die ersten Kilometer auf der fiel befahrenen Aspfaltstraße raddeln. Laufend überholten uns Lastwagen. Aber dann konnten wir rechts abzweigen, und da wurde es gemühtlich. Am Kiossk im kleinen Dorf kauften wir noch etwas Profiant, und dann ging es bergauf. Nur noch vereinzelnte Beiker überholten uns. Auf halber Höhe machten wir Pause und nahmen unseren Lunsch. Gemäss Wegweiser gäbe es in der Nähe eine Ruihne, aber wir wollten keine Zeit verlieren.

Wie geplahnt erreichten wir vor Mittag den Lurmersee. Er war zwahr kalt, aber wir wagten ein kurzes Bad. Dann breiteten wir unser Piknik aus und fanden es lustig. Nochmals ein kurzes Bad und weiter ging es, zuerst auf dem Lurmerberg, dann rassant den Berg runter. Vor fünf Uhr waren wir zu Hause und dachten, da könnten wir ja direckt noch etwas unternehmen ...

KOHL VERLAG FREMDWÖRTER ... verstehen und richtig anwenden – Bestell-Nr. 11 071

Was passt nicht?

Aufgabe 4: *Streiche das Wort, das nicht in die Reihe passt, durch. Schreibe dann einen Oberbegriff auf, der zu den anderen drei Wörtern passt.*

					Oberbegriff
1.	Curling	Eishockey	Eiscreme	Basketball	________________
2.	Parterre	Korridor	Etage	Rasen	________________
3.	Ingenieur	Informatiker	Lehrstelle	Techniker	________________
4.	addieren	buchstabieren	dividieren	subtrahieren	________________
5.	Samba	Sauna	Tango	Cha-Cha-Cha	________________
6.	Neujahr	Dezember	September	Oktober	________________
7.	Oboe	Trompete	Posaune	Gitarre	________________
8.	Song	Chanson	Gedicht	Kanzone	________________
9.	Peperoni	Tortilla	Zucchini	Karotten	________________
10.	Bike	Moped	Mountainbike	Montur	________________
11.	Krokus	Känguru	Delfin	Leopard	________________
12.	Chalet	Bungalow	Bumerang	Villa	________________
13.	Bambus	Agenda	Agave	Palme	________________
14.	Monopol	Monopoly	Scrabble	Poker	________________

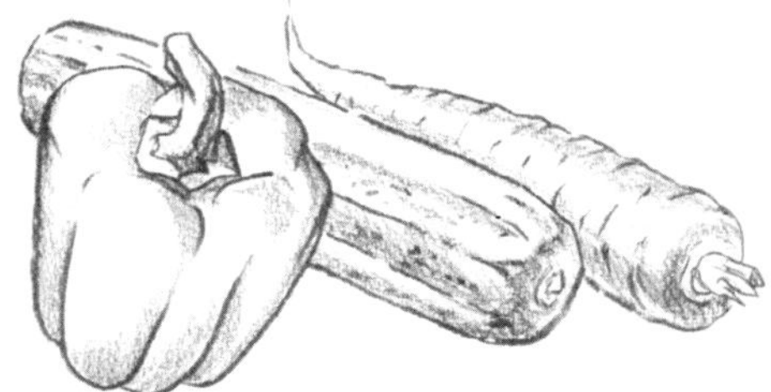

KOHL VERLAG FREMDWÖRTER ... verstehen und richtig anwenden – Bestell-Nr. 11 071

3 Fremdwörter im Alltag

„Weiße Schimmel"

Wenn man Fremdwörter verwendet, muss man aufpassen,
dass man denselben Sachverhalt nicht doppelt sagt.

Beispiel: Ein Schimmel ist ein „weißes Pferd".
Ein weißer Schimmel ist also ein weißes „weißes Pferd".

„Weiße Schimmel" sind ganz allgemein Ausdrücke, die man doppelt sagt.
Mit Überlegen und Nachschlagen kannst du „weiße Schimmel" vermeiden.

Aufgabe 5: *Streiche die „weißen Schimmel" durch und ersetze sie durch ein passendes Wort. Manchmal gibt es mehr als eine Möglichkeit; du musst aber nur eine aufschreiben.*

TIPP: Nicht in allen Fällen handelt es sich um „weiße Schimmel"!

1. Sie hat ein neues ~~mobiles Handy~~ gekauft. Handy / mobilies Telefon / Mobiltelefon
2. Die addierte Summe von 33, 89 und 123 gibt 245. ______
3. Er hat das Termindatum beim Zahnarzt vergessen. ______
4. Ich habe die Kontaktbeziehung zu Andrea beendet. ______
5. Wir genießen ein herrliches Käsefondue. ______
6. Diese Erdbeeren sind eingeführte Importware. ______
7. Seeräuberische Piraten haben das Schiff gekapert. ______
8. Das Spielfeld ist farbig markiert. ______
9. Ich mag pessimistische Schwarzseher nicht. ______
10. Ist das ein chaotisches Durcheinander! ______
11. Hier ist die korrekte Handhabung genau beschrieben. ______
12. Sie hatte wieder einen emotionalen Gefühlsausbruch. ______
13. Hast du das akustische Signal nicht gehört? ______
14. Das ist doch eine plausible Erklärung! ______
15. Streitet nicht wegen dieser kleinlichen Bagatelle! ______
16. Er hat schon wieder finanzielle Geldprobleme. ______
17. Das ist doch ein paradoxer Widerspruch. ______
18. Ich habe die direkte Livesendung gesehen. ______

KOHL VERLAG FREMDWÖRTER ... verstehen und richtig anwenden – Bestell-Nr. 11 071

Versteckte „Weiße Schimmel“

Aufgabe 6: *Verwandle die „Weißen Schimmel“ so, dass es nur noch Schimmel sind.*

1. Herr Glanz betritt ein Schmuckgeschäft, aber er weiß immer noch nicht, ob er für seine Frau Gloria einen Ring mit einem roten Rubin oder einem grünen Smaragd kaufen soll.
2. Der vierteljährliche Quartalsbericht enthält interessante Neuigkeiten.
3. Das örtliche Lokalblatt bringt ein Interviewgespräch mit der Gemeindepräsidentin.
4. Zeichne ein viereckiges Quadrat mit der Seitenlänge von 3.5 cm.
5. Der kriminelle Verbrecher wurde zu sieben Jahren Gefängnis verurteilt.
6. Die korrekte Rechtschreibung vieler Fremdwörter ist gar nicht so einfach.
7. Die blauen Bluejeans sind beim Waschen eingegangen; jetzt sind sie mir zu eng.
8. Der scherzhafte Jux kam leider nicht bei allen an.
9. Die vorbeugende Kariesprophylaxe hat sich gelohnt.
10. Der schwermütige Melancholiker freut sich an gar nichts.
11. Er genießt den momentanen Augenblick in der Hängematte.

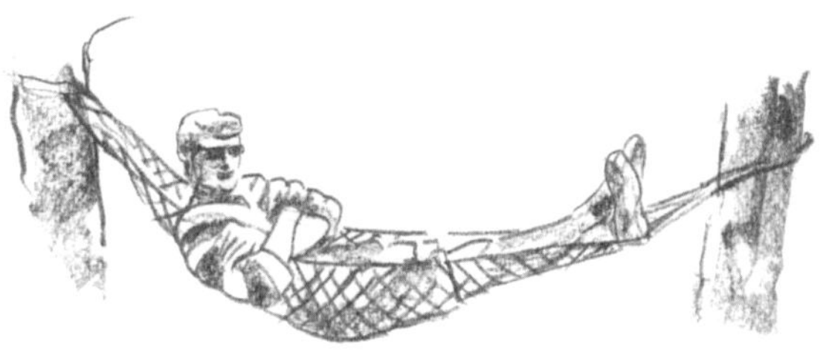

12. Der medizinisch ausgebildete Arzt soll international weltweit bekannt sein.
13. Sie hat ihr Zweiradfahrrad knallgelb angemalt.
14. Die kosmetischen Schönheitsprodukte sind sehr teuer geworden.
15. Du spielst die sehr leise Pianissimostelle viel zu laut!
16. Das Meeting-Treffen vom Sonntag wurde leider abgesagt.
17. Der eitle und ichbezogene Egoist wurde von niemandem beachtet.
18. Der wirkliche Effekt des Lichtspiels hat alle überrascht und beeindruckt.
19. Der junge Sportler hat den schnellsten Geschwindigkeitsrekord aufgestellt.
20. Die Bücherbibliothek ist während der Sommerferien geschlossen.

Bluffen mit Fremdwörtern

Es gibt immer wieder Erwachsene, die mit Fremdwörtern bluffen. Sie meinen wahrscheinlich, man halte sie dann für besonders gelehrt und intelligent.

Die Zuhörer fragen meistens nicht, was die Fremdwörter bedeuten, weil sie sich ja nicht blamieren wollen. Und wenn doch jemand fragt, erhält er als Antwort: „Ich weiß genau, was es ist, aber ich kann es nicht erklären."

Ich weiß ganz genau,
was Schokolade ist,
aber ich kann es
dir nicht erklären!

Das Bluffen mit Fremdwörtern ist einfach: Du stellst eine Liste mit Fremdwörtern zusammen. Beispiel:

Adjektive	Nomen	Verben
aggressiv	*Autorität*	*delegieren*
alternativ	*Defizit*	*dokumentieren*
clever	*Kompetenz*	*faszinieren*
initiativ	*Kriterium*	*komplizieren*
interaktiv	*Manipulation*	*propagieren*
produktiv	*Phänomen*	*realisieren*
progressiv	*Priorität*	*riskieren*
relativ	*Trend*	*zitieren*

Daraus kannst du Sätze bilden, die niemand versteht.

Beispiele:
- Der alternative Trend kompliziert die hohe Priorität.
- Herr Meier riskiert allerdings die Manipulation seiner relativen Autorität.

Aufgabe 7: *Bilde selber fünf unverständliche Sätze. Du darfst auch andere Fremdwörter verwenden.*

1. ______________________________
2. ______________________________
3. ______________________________
4. ______________________________
5. ______________________________

KOHL VERLAG FREMDWÖRTER ... verstehen und richtig anwenden – Bestell-Nr. 11 071

4 Wortbildung

Im- oder In-?

Die Sprache ist etwas Wunderbares: Man kann mit ihr Geschichten erzählen, Sportereignisse schildern, Liebeserklärungen machen, lügen, fluchen, bluffen, Versprechen abgeben, Witze erzählen, mit andern Menschen diskutieren, Abenteuerromane schreiben und so weiter.

Auch Fremdwörter gehören zur Sprache. Aber man sollte sie nur verwenden, wenn man weiß, was sie bedeuten.

Aufgabe 1: *Ergänze die Wortteile mit Im- oder In- und schreibe die ganzen Wörter zur passenden Umschreibung. Schreibe auch den bestimmten Artikel dazu.*

____dikativ	~~Infektion~~	____itation	____mobilie	____munität	____perativ
____perfekt	____port	____provisation	____puls	____sektizid	____stanz
____stinkt	____stitution	____strument	____tellekt	____terview	____ventar

1. die Infektion ____________ Ansteckung mit einer Krankheit
2. ____________ Gegenstand, mit dem man Musik macht
3. ____________ Anstoß, Anregung
4. ____________ Präteritum; Vergangenheitsform
5. ____________ Befragung einer Person
6. ____________ Einfuhr von Waren
7. ____________ öffentliche Einrichtung
8. ____________ Wirklichkeitsform
9. ____________ Befehlsform
10. ____________ Verstand, Denkvermögen
11. ____________ Insektenbekämpfungsmittel
12. ____________ Nachahmung, Nachbildung
13. ____________ Einrichtungsgegenstände; Warenbestand
14. ____________ zuständige Stelle bei Behörden
15. ____________ Unempfindlichkeit
16. ____________ Naturtrieb; Gespür
17. ____________ unbeweglicher Besitz
18. ____________ aus dem Stegreif Dargebotenes

KOHL VERLAG FREMDWÖRTER ... verstehen und richtig anwenden – Bestell-Nr. 11 071

mono-, bi-, tri-, poly-

Wenn du weißt, was die Wortteile in Fremdwörtern bedeuten, verstehst du auch Wörter, die du eigentlich nicht kennst. So kannst du oft erraten, was ein Fremdwort bedeutet.

Es gibt viele solche Wortteile.

mono- zum Beispiel heißt allein, einzeln oder ein-,
bi- bedeutet zwei oder doppelt,
tri- drei oder dreifach und
poly- heißt viel.

Aufgabe 2: *Setze mono- (oder mon-), bi-, tri- und poly- am richtigen Ort ein – bei Nomen/Substantiven natürlich mit großem Anfangsbuchstaben. Schreibe dann das ganze Wort auf.*

Nr.	Vorsilbe	Wortteil	Wort	Bedeutung
1.	Bi	athlon	Biathlon	Zweikampf
2.		athlon		Dreikampf
3.		lateral		zweiseitig
4.		lateral		einseitig
5.		kel		Einglas
6.		archie		Alleinherrschaft
7.		chrom		einfarbig
8.		chrom		mehrfarbig
9.		pol		Alleinanspruch
10.		ton		eintönig
11.		kini		zweiteiliger Badeanzug
12.		fon		vielstimmig
13.		glott		vielsprachig
14.		gon		Vieleck
15.		angel		Dreieck
16.		log		Selbstgespräch

FREMDWÖRTER ... verstehen und richtig anwenden – Bestell-Nr. 11 071
KOHL VERLAG

4 Wortbildung

Wortteile vorne

Es gibt viele weitere Wortteile, die in Fremdwörtern oft vorkommen.
Hier eine kleine Liste:

auto-	*selbst, allein*	bio-	*das Leben betreffend*
ex-	*aus, ehemals*	extra-	*außerhalb, außen*
inter-	*zwischen, während*	prä-	*vor*
re-	*zurück, wieder*	top-	*höchst, best-*

Aufgabe 3: *Setze den richtigen Wortteil ein und schreibe dann das ganze Wort auf. Nomen/Substantive mit großem Anfangsbuchstaben!*

1.	Inter	punktion	Interpunktion	Zeichensetzung
2.		mobil		Personenwagen (Selbstbeweger)
3.		star		Star der Spitzenklasse
4.		logie		Lehre vom Leben
5.		freund		ehemaliger Freund
6.		agieren		auf etwas antworten, eingehen
7.		fit		in bester Form, Höchstform
8.		formieren		wieder (oder neu) gestalten
9.		nom		unabhängig, selbstständig
10.		blatt		Sonderausgabe einer Zeitung
11.		top		Lebensraum
12.		position		Vorwort, Verhältniswort
13.		kursion		Ausflug
14.		vagant		überspannt, ausgefallen
15.		sentieren		vorzeigen, vorführen
16.		cityzug		Schnellzug zwischen Städten

FREMDWÖRTER ... verstehen und richtig anwenden – Bestell-Nr. 11 071
KOHL VERLAG

Wortteile hinten

Du kennst auch viele Wortteile, die hinten angehängt werden, um Fremdwörter zu bilden. Hier einige Beispiele:

-logie	*Lehre, Kunde*	-fon	*Laut, Ton, Stimme*
-thek	*Sammlung*	-grafie	*Beschreibung, Darstellung*
-meter	*Messgerät*	-ismus	*Geisteshaltung, Sinn für*
-phil	*liebend, freundlich*	-phob	*feindlich, Angst (vor)*

Aufgabe 4: *Setze wieder den richtigen Wortteil ein und schreibe dann das ganze Wort auf.*

Nr.	Wortteil	Endung	Wort	Bedeutung
1.	Real	ismus	Realismus	Wirklichkeitssinn
2.	Disko			Tanzlokal mit Musik
3.	Tele			Fernsprecher
4.	Baro			Luftdruckmesser
5.	anglo			englandfreundlich
6.	franko			frankreichfeindlich
7.	Zoo			Tierkunde
8.	Psycho			Lehre von der Seele
9.	Mega			Sprachrohr (mit Verstärker)
10.	Thermo			Temperaturmessgerät
11.	biblio			schöne Bücher liebend
12.	hydro			Angst vor Wasser, wasserscheu
13.	Geo			Erdkunde
14.	Biblio			Institution, die Bücher ausleiht
15.	Optim			Zuversicht
16.	Bio			Beschreibung der Lebensgeschichte

FREMDWÖRTER ... verstehen und richtig anwenden – Bestell-Nr. 11 071

4 Wortbildung

-ation, -ieren

Viele Fremdwort-Nomen enden auf -ation, und die zugehörigen Verben haben die Endung -ieren.

Beispiele: *Operation operieren Delegation delegieren*

Die Nomen/Substantive auf -ation sind immer feminin: die Operation, die Delegation. Du kennst viele solche Wörter.

Aufgabe 5: *Ergänze die Tabelle.*

	Nomen/Substantive	*Bedeutung des Nomens*	*Verb*
1.	Konzentration	Aufmerksamkeit	
2.		Auskunft, Nachricht	informieren
3.		Verzierung	dekorieren
4.	Reklamation	Beanstandung	
5.		Gegenüberstellung	konfrontieren
6.	Manipulation	Veränderung, Verfälschung	
7.		Vortäuschung	simulieren
8.		Einbeziehung	integrieren
9.	Demonstration	Protestkundgebung	
10.	Provokation	Herausforderung	
11.		Veranschaulichung	illustrieren
12.	Organisation	Aufbau, Gestaltung	
13.	Interpretation	Auslegung, Deutung	
14.		Wiederbelebung	reanimieren
15.	Fabrikation	Herstellung	
16.	Reservation	Freihaltung	
17.		Glückwunsch	gratulieren
18.	Kommentar (der)	Erklärung, Stellungnahme	

Wie heißt das Wort?

Aufgabe 6: *Setze die folgenden Wortteile unten beim passenden Wort ein. Schreibe dann das ganze Wort mit dem bestimmten Artikel auf.*

Auto- **Gar-** **Sek-** **Sh-**

1. Gar antie die Garantie
2. ________ irt ________
3. ________ unde ________
4. ________ mat ________
5. ________ gramm ________
6. ________ orts ________
7. ________ retär ________
8. ________ nitur ________
9. ________ age ________
10. ________ rität ________
11. ________ tion ________
12. ________ uttle ________
13. ________ derobe ________
14. ________ nomie ________
15. ________ op ________
16. ________ undarschule ________
17. ________ dine ________
18. ________ rin ________
19. ________ tor ________
20. ________ ow ________

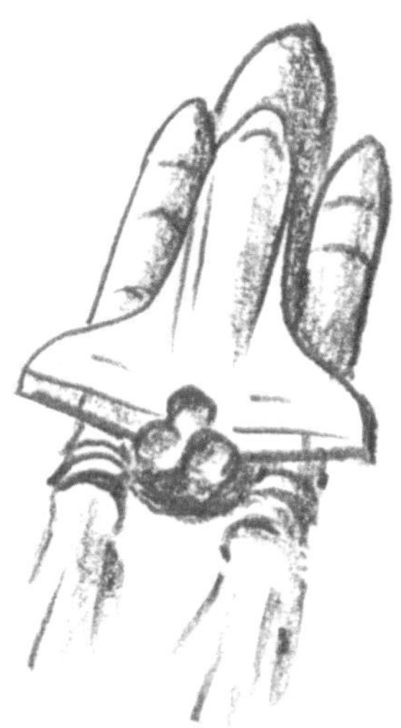

KOHL VERLAG FREMDWÖRTER ... verstehen und richtig anwenden – Bestell-Nr. 11 071

5 Sprechen und schreiben

Im Wald

Wenn dir jemand eine Geschichte erzählt, verstehst du die Fremdwörter. Aber es ist nicht immer einfach, sie korrekt zu schreiben.

Eventuell musst du im Wörterverzeichnis an verschiedenen Orten suchen!

Aufgabe 1: *Schreibe die Wörter in Klammern richtig (auch die Groß- und Kleinschreibung).*

Kürzlich war ich mit Freunden im Wald. Wir haben gestaunt, wie laut es war. Zuerst dröhnte ein [tschumbotschet] ________________ über unsere Köpfe hinweg. Dann rannten zwei [tschoger] ______________ an uns vorbei, die so laut redeten, dass wir einander nicht mehr verstanden. Und die beiden [bäiker] ____________ waren komisch angezogen und sahen [unsimpaatisch] __________________ aus; es waren wirklich zwei komische [tüpen] ____________. Ein [inläinskeiter] ______________ fragte uns nach dem Weg. Dann fuhr ein [tschiip] ____________ ganz nahe an uns vorbei. Da es am Tag vorher geregnet hat, hinterließen seine [pnöös] ______________ tiefe Spuren. Und meine [tschiins] _______________ bekamen Dreckspritzer. Wir [schpaziirten] _________________ weiter bis zu einer Waldlücke – ich wollte endlich mein [sändwitsch] __________________ essen. Steve packte sein [pule] ______________ aus und öffnete eine Tube [mäjonäs] ____________. Das fand ich schon etwas komisch; ich hätte lieber [ketschöp] ______________! Sabrina überraschte uns mit einem großen Sack [pomtschips] _________________ und packte für sich eine [köriwurst] _______________ aus. Das war sehr abwechslungsreich, und wir hatten es wirklich lustig miteinander.

KOHL VERLAG FREMDWÖRTER ... verstehen und richtig anwenden – Bestell-Nr. 11 071

5 Sprechen und schreiben

Berufe

Viele Berufsbezeichnungen spricht man anders aus, als man sie schreibt.

Aufgabe 2: *Schreibe je die männliche und die weibliche Form auf. Achte gut auf die Rechtschreibung und auf die Großbuchstaben.*

	gesprochen	*männliche Form: der …*	*weibliche Form: die …*
1.	[schofför]	Chauffeur	Chauffeuse (oder Chauffeurin)
2.	[frisör]		
3.	[mänätscher]		
4.	[schonglör]		
5.	[schpion]		
6.	[füsiker]		
7.	[träner]		
8.	[domptör]		
9.	[gängster]		
10.	[gloon]		
11.	[inscheniör]		
12.	[montör]		
13.	[scheff]		
14.	[schurnalist]		
15.	[psüchologe]		
16.	[tiimleiter]		
17.	[diiler]		
18.	[turist]		

Allerlei

Du kennst viele Fremdwörter, die man anders schreibt, als man sie spricht. Und du weißt auch, was sie bedeuten.

Aufgabe 3: *Schreibe die Wörter in Klammern richtig. Achte wie immer auch auf die Großschreibung.*

1. Jemand, der einen [schpliin] ________________ hat, hat eine Schrulle.
2. Ein [kwis] ________________ ist ein unterhaltsames Frage- und Antwortspiel.
3. Eine [schou] ________________ ist eine Vorführung, eine Schau.
4. [schoppen] ________________ heißt einkaufen.
5. Ein Spiel ist nur lustig, wenn alle [fäär] ________________ , also ohne Tricks, spielen.
6. Ein [tschello] ________________ ist ein großes Streichinstrument.
7. Ein [slam] ________________ ist ein Armenviertel.
8. Aus den Ferien bringt man ein [suweniir] ________________ mit.
9. Zur Innenstadt sagt man oft [sitti] ________________ .
10. Ein [kiibord] ________________ ist ein elektronisches Tasteninstrument.
11. Ein [kikbord] ________________ ist ein Sportgerät.
12. Auch du warst einmal ein [beibi] ________________ , also ein Kleinkind.
13. Eine kleine, leichte Mahlzeit nennt man [lansch] ________________ .
14. Ein [bransch] ________________ ist ein ausgiebiges, spätes Frühstück.
15. Der [kauboi] ________________ ist ein berittener amerikanischer Rinderhirt.
16. Das [kaugörl] ________________ ist vielleicht seine Freundin.
17. Das [nessessär] ________________ ist ein Täschchen mit Toilettensachen.
18. Ein [konteiner] ________________ ist ein großer Behälter.

KOHL VERLAG FREMDWÖRTER ... verstehen und richtig anwenden – Bestell-Nr. 11 071

Aufgabe 4: *Schreibe wieder die Wörter in den Klammern richtig.*

1. Selina wünscht sich schon lange ein [sittibäik] ______________________.
2. Heutzutage sagt man [tschampen] ______________________ statt springen.
3. Viele junge Leute lernen sich beim [tschätten] ______________________ kennen.
4. Die Schweizerinnen haben im [cörling] ______________________ eine
5. [medalje] ______________________ gewonnen.
6. Zum [tschönkfuud] ______________________ gehören nicht nur
7. Süßigkeiten, sondern auch [pomfrit] ______________________.
8. Dorians Witze sind auf tiefstem [niwo] ______________________ ; ich würde mich
9. [scheniiren] ______________________ , sie zu erzählen.
10. Auch heute noch gibt es [scheniale] ______________________ Menschen.
11. Die [schüri] ______________________ hat parteiisch entschieden.
12. Das war eine richtige [blamaasche] ______________________ .
13. Das reimt sich auf [sabotaasche] ______________________ .
14. Ein [tschembalo] ______________________ ist ein Tasteninstrument.
15. Die Visagistin ist Spezialistin für das [meiköp] ______________________ .
16. Das Wochenende heißt heute [wiikend] ______________________ .
17. Lars will [hipnotisör] ______________________ werden.
18. Elena kocht [schelee]______________________ aus Rosenblüten.
19. Willst du ein [meräng] ______________________ mit Sahne?
20. Das ist wirklich eine [kuule] ______________________ Idee.

KOHL VERLAG FREMDWÖRTER ... verstehen und richtig anwenden – Bestell-Nr. 11 071

5 Sprechen und schreiben

Das Krokodil

Aufgabe 5: *Schreibe die Wörter in den Klammern richtig.*

Ein [servissmontör] ____________________ musste zu einem abgelegenen [schale] ____________________ fahren. Herr Kurz, ein pensionierter [tschässpianist] ____________________ , hatte angerufen: Er wollte seinen [tschiip] ____________ in die [garaasche] ________________ stellen, aber er konnte das [garaaschentor] ____________________ nicht mehr öffnen. So ließ er das Auto auf dem [trottwar] ________________ stehen und ging ins Haus. Er startete den [läptop] __________________ und las die [nius] ____________ . Da erfuhr er, dass ganz in seiner Nähe ein Krokodil aus einem Gehege ausgebrochen sei. Da hörte er das Aufheulen eines Motors; das war wohl der [montör] ________________ . Er zog ein [bäsches] ________________ [tiischört] ____________ an und ging hinaus. Das Schloss des Tores war nicht kaputt, und so versuchten sie gemeinsam, das Tor aufzustoßen, was ihnen tatsächlich gelang. Beiden stockte der Atem, als sie das weit aufgerissene Maul des Krokodils sahen! Es musste wohl durch das offene Fenster in die [garaasche] ________________ gelangt sein und hatte sich innen vor das [garaaschentor] ________________ gelegt.

Herr Kurz nahm sein [händi] ________________ und rief die Polizei und einen befreundeten [schurnalisten] ____________________ an. Die Polizei konnte das Krokodil einfangen und dem Eigentümer zurückbringen. – Am andern Tag stand eine [reportaasche] __________________ mit Foto in der Zeitung.

KOHL VERLAG
FREMDWÖRTER
... verstehen und richtig anwenden – Bestell-Nr. 11 071

6 Texte

Was verspricht die Werbung?

Aufgabe 1: *Kreuze jeweils die passendste Umschreibung an.*

1. Bei uns relaxen Sie in wohligem Ambiente.

- ☐ Man hat eine sehr schöne Aussicht.
- ☐ Man kann sich in angenehmer Umgebung entspannen.
- ☐ Man wird in einem wohligen Speiselokal verwöhnt.

2. Mentifit* erhöht Ihre mentalen Kapazitäten.

- ☐ Das Produkt verbessert die Denkfähigkeit.
- ☐ Das Produkt wirkt gegen Vergesslichkeit.
- ☐ Das Produkt hilft gegen Ermüdung.

3. Regenerieren Sie in unserem Wellnesspark.

- ☐ Erholen Sie sich in unserer Gartenanlage.
- ☐ Erholen Sie sich in unserer Wohlfühlanlage.
- ☐ Tanken Sie Kraft bei sportlichen Übungen im Freien.

4. Dentiplus* zur Kariesprävention, auch bei den Jüngsten.

- ☐ Das Produkt hilft Kleinkindern beim Zahnen.
- ☐ Das Produkt beugt Zahnlöchern vor.
- ☐ Das Produkt hält die Milchzähne gesund.

5. Mehr Vitalenergie dank VitaSol*.

- ☐ Mehr Lebensfreude ...
- ☐ Mehr Mut ...
- ☐ Mehr Lebenskraft ...

6. Beim AquaDance* können Sie Aggressionen reduzieren.

- ☐ Beim Wassertanz nimmt die Angriffslust ab.
- ☐ Mit Mineralwasser AquaDance werden Sie mutiger.
- ☐ Im Hotel AquaDance haben Sie Abwechslung.

7. Kids profitieren von attraktiven Preisen.

- ☐ Kinder und Jugendliche erhalten verlockende Angebote.
- ☐ Kinder und Jugendliche können an einem Wettbewerb teilnehmen.
- ☐ Kinder und Jugendliche erhalten schöne Geschenke.

* Das sind alles Fantasienamen.

Was meint der Politiker/die Politikerin?

Aufgabe 2: *Kreuze jeweils die passendste Umschreibung an.*

1. Mein Vorschlag favorisiert die berufliche Ausbildung.
   - ☐ Der Vorschlag fordert mehr Geld für die berufliche Ausbildung.
   - ☐ Der Vorschlag will die berufliche Ausbildung verlängern.
   - ☐ Der Vorschlag begünstigt die berufliche Ausbildung.
2. Vom innovativen Projekt profitieren alle.
   - ☐ Vom neuartigen Projekt ziehen alle Nutzen.
   - ☐ Vom speziellen Verfahren erhofft man sich neue Möglichkeiten.
   - ☐ Das abgeschlossene Projekt hat allen genützt.
3. Wir haben in zähen Verhandlungen einen akzeptablen Kompromiss gefunden.
   - ☐ Es ist keine Einigung zustande gekommen.
   - ☐ Alle können die Lösung annehmen.
   - ☐ Die Verhandlungen wurden abgebrochen, weil man sich nicht einigen konnte.
4. Die Liberalisierung muss auf weitere Bereiche ausgedehnt werden.
   - ☐ Es braucht strengere Gesetze für viele Bereiche.
   - ☐ Weitere Bereiche müssen von Einschränkungen befreit werden.
   - ☐ Alle sollen in Freiheit leben können.
5. Wir kooperieren temporär mit der P-Partei.
   - ☐ Wir lehnen die Ideen der P-Partei vorläufig ab.
   - ☐ Wir werden uns mit der P-Partei zusammenschließen.
   - ☐ Wir arbeiten vorübergehend mit der P-Partei zusammen.
6. Das vorhandene Potenzial wird zu wenig ausgeschöpft.
   - ☐ Die bestehenden Möglichkeiten werden zu wenig genutzt.
   - ☐ Die bestehenden Gefahren werden zu wenig erkannt.
   - ☐ Die vorhandenen finanziellen Mittel werden falsch eingesetzt.
7. Wir brauchen flexible Lösungen für die schulische Innovation.
   - ☐ Die herkömmliche Schule soll aufgelöst werden.
   - ☐ Wir brauchen anpassungsfähige Lösungen für die Erneuerung der Schule.
   - ☐ Wir brauchen eine klare Struktur für den Aufbau der Schule.

KOHL VERLAG FREMDWÖRTER ... verstehen und richtig anwenden – Bestell-Nr. 11 071

Manipulation

Aufgabe 3: a) *Lies zuerst den folgenden Text.*

In einem psychologischen Experiment wurde freiwilligen Probanden angeblich ein eigens kreiertes, eiskaltes Getränk verabreicht. Einem Drittel der Personen wurde gesagt, dem Getränk sei eine Substanz beigemischt, die den Saft schon im Mund erwärme, sodass er spürbar wärmer werde. Ein weiteres Drittel erhielt die Instruktion, auf das Ananasaroma zu achten, das sich nach etwa fünf Sekunden entfalte. Dem dritten Drittel der Versuchspersonen wurde das Getränk ausdrücklich als Erfrischung angeboten.

Anschließend mussten alle Teilnehmenden denselben Fragebogen mit allgemeinen Wissensfragen ausfüllen. Darin waren auch Fragen über das Trinken eingestreut. die Frage, ob kalte Getränke besonders erfrischten, beantworteten 35 % der Gruppe A („Erwärmung"), 65 % der Gruppe B („Ananas") und 89 % der Gruppe C („Erfrischung") mit JA. Die Frage, ob aromatisierte Getränke an heißen Tagen speziell erfrischten, fand in der Gruppe A 45 % Zustimmung, in der Gruppe B 87 % und in der Gruppe C 20 %.

Der Clou: Alle hatten das identische, gekühlte Leitungswasser ohne jede Beigabe erhalten. Die Experten fanden, die Information habe die Meinungen der Probanden beeinflusst.

b) *Ergänze die Tabelle und beantworte dann die Fragen.*

Aussagen	Gruppe		
	A „Erwärmung"	**B** „Ananas"	**C** „Erfrischung"
Kalte Getränke erfrischen besonders	35 %		
Aromatisierte Getränke erfrischen speziell			
Lauwarmes Wasser löscht den Durst nicht	26 %	52 %	67 %

a) Was ist ein Proband? ______________________

b) Was heißt „kreieren"? ______________________

c) Was wurde dem Wasser beigemischt? ______________________

d) Was ist ein Experte? ______________________

e) Was ist ein Experiment? ______________________

f) Wer hat das Experiment durchgeführt? ______________________

g) Was heißt „Clou"? ______________________

h) Was heißt „Manipulation"? ______________________

KOHL VERLAG FREMDWÖRTER ... verstehen und richtig anwenden – Bestell-Nr. 11 071

So kann man Probleme lösen

Aufgabe 4: **a)** *Lies den folgenden Text aus einem Ratgeber.*

Probleme löst du am besten in fünf Schritten:

1. Analysiere das Problem.
2. Reflektiere über bisher unternommene Lösungsstrategien.
3. Definiere das Ziel der Lösung.
4. Konstruiere einen Plan zur Erreichung der Lösung.
5. Setze den Plan in die Praxis um.

b) *Stell dir vor, du müsstest dieses Vorgehen jemandem erklären. Umschreibe die fünf Schritte mit eigenen Worten – wenn möglich ohne Fremdwörter.*

1. ____________________

2. ____________________

3. ____________________

4. ____________________

5. ____________________

c) *Versuche, dieses Vorgehen auf ein konkretes persönliches Problem anzuwenden.*

1. ____________________

____

2. ____________________

____

3. ____________________

____

4. ____________________

____

5. ____________________

____

Fall gelöst

Aufgabe 5: *Unterstreiche im Text die Fremdwörter. Schreibe dann den passenden deutschen Begriff rechts neben die Zeile, und zwar in der richtigen Form.*

altertümlich – anständig – ~~beleibt~~ – bild aus vielen Einzelteilen – bloßgestellt – Dummkopf – Fußboden aus Holzstreifen – gedeckter Vorbau – gerissen – Helfer – ins Auge fassen – Muster der Gummisohle – Niederschrift des Verhörs – schlau – Schwierigkeiten – Standbild – der Straffällige – überheblich – unauffällig – unbekümmert – verblüffend – Viertel – vollkommen – vornehm – widersprechen

Wachtmeister Huber, ein korpulenter Herr mittleren Alters, sagte ganz ruhig: „Fall gelöst!" Seinen Assistenten Hilfiker forderte er auf: „Du kannst den Delinquenten verhaften." Hilfiker fühlte sich blamiert, hatte er doch keine Ahnung, wen er verhaften soll.

Huber ging immer sehr diskret vor, und man wusste nie genau, wen er bei seinen Ermittlungen ins Visier nahm. Es war frappant, wie er seine Schlüsse zog und auch schwierige Fälle löste. Wie bei einem Puzzle fügte er die Teile zusammen, bis das Bild fertig war. So auch diesmal. Huber sah wohl, dass Hilfiker Probleme hatte, und er wollte seinem Kollegen gegenüber fair sein. „Am besten nimmst du Bucher mit – der kennt sich in jenem Quartier perfekt aus." – Jetzt wusste Hilfiker, wen er zu verhaften hatte. Huber würde schon verraten, warum er ausgerechnet auf den cleveren Händler gekommen war.

Eine Stunde später sass Huber dem arroganten Walder gegenüber; Hilfiker stand bei der Türe. Walder meinte salopp: „Ihr Anfänger da", wobei er auf Hilfiker zeigte, „ ist ein Ignorant.

beleibter ________________

KOHL VERLAG FREMDWÖRTER ... verstehen und richtig anwenden – Bestell-Nr. 11 071

Hat keinen einzigen Beweis!“ An solche Töne hatte sich Huber gewöhnt.

„Sehen Sie, Herr Walder, Sie haben sehr exklusive Schuhe. Sie hätten sie schon im Treppenhaus ausziehen müssen, nicht erst auf dem Parkett bei der Eingangstüre. Das Profil hat sie verraten.“

Nach längerem Leugnen gestand Walder, die antike Statue gestohlen zu haben. Er sei aber nicht durch die Wohnungstüre eingebrochen, sondern durch die offene Verandatüre. Zudem habe er keine Schuhe getragen, sondern sie erst beim Verlassen der Wohnung wieder angezogen.

„Sie halten sich wohl für raffiniert, was? Wissen Sie, Versuche, uns irrezuführen, scheitern meistens. Oder glauben Sie, wir hätten nicht herausgefunden, dass Sie Ihre Schuhe absichtlich falsch hingestellt haben?“– Zu Hilfiker gewandt sagte er: „Hilfiker, nimm das Protokoll auf!“ Walder opponiert: „Ohne meinen Anwalt sage ich nichts.“ Hilfiker meint trocken: „Das müssen Sie auch nicht, wir wissen ja alles!“

Manchmal sind Fremdwörter eindeutig passender!

KOHL VERLAG FREMDWÖRTER ... verstehen und richtig anwenden – Bestell-Nr. 11 071

Bewerbung

Matthias hat sich um eine Stelle als Praktikant beworben und leider eine Absage erhalten.

Der Brief ...

Bewerbung als Pracktikant

Sehr geehrter Herr Keller
Im Internett habe ich gesehen, dass Sie für die Sommerfehrien ein Pracktikant suchen. Ich habe Erfarung mit Computern, da ich fiel sörfe und intressante Artickel lese. Nach der Schuhle möchte ich eine Lehre machen, bei der ich mit Computern zu tun habe.
Ich bin zuferlässig und arbeite gern. Ich kann das Zehnfingersistem. Und deshalb würde ich im Sommer gern bei ihnen joben.
Ich komme gern persöhnlich bei ihnen forbei, um mich zu vorstellen.

Mit freundlichen Grüßen
Matthias Happert

... und die Antwort:

Ihre Bewerbung als Praktikant

Sehr geehrter Mathias Happert,
als Beilage senden wir Ihnen die Unterlagen zurück, da wir uns für einen andern Bewerber entschieden haben.

Wir danken Ihnen für Ihr Interesse und wünschen Ihnen alles Gute.

Mit freundlichen Grüssen

Compipra AG

P. Keller

PS. Wir raten Ihnen, im Sommer einen Deutschkurs zu besuchen.

PS ist die Abkürzung für **P**ost**s**kript: Nachschrift; etwas, das man nachträglich schreibt.

Aufgabe 6: *Streiche in beiden Briefen alle Fehler an. Schreibe dann das ganze Wort richtig darüber.*

Der Fehlerteufel ist nicht schuld!

Man versteht, was Matthias will – und doch macht sein Brief einen schlechten Eindruck. Auch ohne Fehler ist der Bewerbungsbrief nicht besonders gut.

Oft sagt man, der Fehlerteufel habe zugeschlagen. Das stimmt nicht! Fehler passieren aus anderen Gründen:

- Der Schreiber oder die Schreiberin hat sich zu wenig Mühe gegeben.
- Er/sie hat den Brief nicht nochmals – sorgfältig – durchgelesen (oder durchlesen lassen).
- Er/sie hat nicht im Wörterbuch nachgeschaut.

Jede und jeder kann Fehler vermeiden!

Wenn du nur eine kurze Telefonnotiz schreibst, ist es nicht so schlimm, wenn du einen Fehler machst. Aber in einem Bewerbungsschreiben dürfen keine Fehler vorkommen.

Aufgabe 7: *Schreibe selber eine kurze Bewerbung für ein Praktikum, das du gerne machen würdest.*

7 Knobeleien mit Fremdwörtern

Wortgrenzen finden

Aufgabe 1: *Suche die Wortgrenzen und zeichne sie ein. Schreibe die Wörter dann in richtiger Groß- und Kleinschreibung zum passenden Fremdwort.*

~~ab~~	~~wesen~~	~~heit~~|ter	minka	lende	ranze
ich	engel	eit	zug	wir	kungbe
richter	statt	ermen	gemö	glich	keits
form	wied	erho	lungge	rad	linig

1. Absenz ______________________
2. Agenda ______________________
3. Indiz ______________________
4. Konvoi ______________________
5. Effekt ______________________
6. Reporter ______________________
7. Quantum ______________________
8. Konjunktiv ______________________
9. Repetition ______________________
10. linear ______________________

KOHL VERLAG FREMDWÖRTER ... verstehen und richtig anwenden – Bestell-Nr. 11 071

Wortgrenzen finden (Teil 2)

Aufgabe 2: *Suche die Wortgrenzen der Fremdwörter und schreibe sie in richtiger Groß- und Kleinschreibung zum passenden deutschen Wort. Pass auf, dass du das Fremdwort zum richtigen deutschen Wort schreibst.*

pres	tige|r	efra	in|di	stan	z|ext	rem|kon
takt|	cor	ner|	ka	pier	en|g	los
sar|vam	pir|mo	no	ton|ex	zellen	t|amate	ur|fly
er|fun|per	ron|s	tat	ion|vi	rus|f	ast	food

1. Ansehen ______________________
2. äußerst ______________________
3. Bahnsteig ______________________
4. Beziehung ______________________
5. Blutsauger ______________________
6. Eckball ______________________
7. eintönig ______________________
8. Entfernung, Abstand ______________________
9. Flugblatt ______________________
10. Haltestelle ______________________
11. hervorragend ______________________
12. Kehrreim ______________________
13. Krankheitserreger ______________________
14. Nichtfachmann ______________________
15. schnelles Essen ______________________
16. Spaß ______________________
17. verstehen, begreifen ______________________
18. Wörterverzeichnis ______________________

KOHL VERLAG FREMDWÖRTER verstehen und richtig anwenden – Bestell-Nr. 11 071

7 Knobeleien mit Fremdwörtern

Definitionen

Aufgabe 3: *Setze die Wörter richtig zusammen und schreibe die Sätze in der korrekten Groß- und Kleinschreibung auf.*

1. ei ne|ant ike|t erri neiste ineal tesup pens chüs sel.

   Eine antike T

2. einac cesso irei stein modi scheszu behör.

3. kuri osi täten sindmer kwür dig edin ge.

4. ein edeg ustat ionist ein ekost pro be.

5. einar rogan termen schist übe rheb lichun deing ebil det.

6. ei nede finit ioni stein ebes chreib unge ines beg riffs.

7. einsig nale mentist eineper son enbe schrei bung.

8. im zwei fels falldas wör terver zeich niskon sulti eren.

7 Knobeleien mit Fremdwörtern

Definitionen (Teil 2)

Aufgabe 4: *Setze die Wörter richtig zusammen und schreibe die Sätze in der korrekten Groß- und Kleinschreibung auf.*

1. diev orsil beant ibede ute toft ge gen.

2. an tipat hie istda sgeg ente ilvon symp athie.

3. de ranti pod eist derge gen füß ler.

4. wirs inddie an tipo dender neuse eländ er.

5. diean til opeist ke ineg egen lo pe.

6. deran tihel dist dasge gente ilde shelden.

7. an tia utor itär ist dasg egent eil vona utor itär.

8. die antar ktisis tdasge gens tück zurar ktis.

KOHL VERLAG FREMDWÖRTER ... verstehen und richtig anwenden – Bestell-Nr. 11 071

Fremdwörter suchen

Aufgabe 5: **a)** *Male die Fremdwörter farbig an und schreibe sie dann in der richtigen Groß- und Kleinschreibung auf.*

p	a	t	t	r	a	k	t	i	v
c	t	e	u	p	h	o	r	i	e
m	d	e	f	e	n	s	i	v	n
t	h	e	r	a	p	i	e	l	h
q	o	w	s	b	u	d	g	e	t
k	s	p	e	d	i	t	i	o	n
p	e	s	s	i	m	i	s	t	q
c	h	a	m	p	i	o	n	w	s
z	r	b	a	n	a	l	m	l	b
v	s	y	n	o	n	y	m	k	s

1. ____________________
2. ____________________
3. ____________________
4. ____________________
5. ____________________
6. ____________________
7. ____________________
8. ____________________
9. ____________________
10. ____________________

b) *Setze die gefundenen Fremdwörter in den passenden Satz ein. (Die Nummerierung der Sätze stimmt nicht mit derjenigen der Fremdwörter überein.)*

1. Leider reicht mein ______________________ nicht für eine längere Auslandsreise.
2. „Adjektiv" ist ein ______________________ für „Eigenschaftswort".
3. Das ist ein sehr ______________________ Angebot.
4. Einen Spitzensportler oder eine Spitzenmannschaft nennt man ________________ .
5. ______________________ ist eine große Begeisterung, ein Hochgefühl.
6. Große Warenmengen werden von einer ______________________ transportiert.
7. Dank der ____________________ ist mein Onkel wieder gesund.
8. Wegen der ____________________ Haltung des Chefs dauert alles zu lange.
9. Er ist ein richtiger ______________________ geworden; er sieht alles negativ.
10. Dumme Menschen reden viel ________________________ Zeug daher.

KOHL VERLAG FREMDWÖRTER ... verstehen und richtig anwenden – Bestell-Nr. 11 071

7 Knobeleien mit Fremdwörtern

Fremdwörter suchen (Teil 2)

Aufgabe 6: **a)** *Male die Fremdwörter farbig an und schreibe sie dann in der richtigen Groß- und Kleinschreibung auf.*

n	f	a	s	s	a	d	e	t	r
o	q	i	m	i	t	a	t	o	r
s	e	n	s	a	t	i	o	n	v
k	o	m	p	e	t	e	n	t	r
e	p	n	m	o	b	b	e	n	i
z	k	o	l	l	i	s	i	o	n
f	o	s	s	i	l	i	e	n	l
v	o	r	i	g	i	n	e	l	l
n	t	h	a	r	l	e	k	i	n
k	o	m	p	l	i	z	e	n	r

1. ____________________
2. ____________________
3. ____________________
4. ____________________
5. ____________________
6. ____________________
7. ____________________
8. ____________________
9. ____________________
10. ____________________

b) *Bilde mit jedem der gefundenen Fremdwörter einen (kurzen) Satz.*

1. ____
2. ____
3. ____
4. ____
5. ____
6. ____
7. ____
8. ____
9. ____
10. ____

KOHL VERLAG
FREMDWÖRTER ... verstehen und richtig anwenden – Bestell-Nr. 11 071

7 Knobeleien mit Fremdwörtern

Das andere Kreuzworträtsel

Aufgabe 7: *Welche Umschreibung passt zum Wort im Kreuzworträtsel?*
Schreibe die entsprechende Nummer unten zur passenden Umschreibung.

	20					21					22		23				24	
1	D	I	A	L	E	K	T				S		B			2 L	E	E
	E					A		3 P	A	M	P	H	L	E	T		G	
4	F	E	U	25 D	A	L					A		A				A	
	E			I		5 A	N	26 A	L	O	G		6 N	O	27 B	E	L	
	K			S		U		R			A		K		R			28 S
7	T	29 R	I	P		E		O			T		8 O	R	I	E	N	T
		I		E		9 R	O	M	A	30 N					S			A
		T		N				A		A			10 G	R	A	N	I	T
11	P	U	L	S		32 T			12 F	I	X				N			I
		A				O				V					T			V
13	F	L	O	P		14 P	I	E	R		15 P	O	L					

Nr.	Waagrecht	Nr.	Senkrecht
5	ähnlich, entsprechend		Geschmack, Duft
	Mundart		leer, nicht ausgefüllt
	vornehm, reichhaltig		hochaktuell, heikel
	Fest oder schnell		fehlerhaft, kaputt
	Handlung ohne Anklang und ohne Erfolg		Befreiung von Vorschriften
	sehr hartes Gestein		gleichgültig
	dem Wind abgekehrte Seite		Wortspiel
	vornehm, großmütig, edel		unkritisch, einfältig
	östliche Welt, Vorder- und Mittelasien		Zeremonie
	Schmähschrift, Streitschrift		Beine waagrecht spreizen
	Anlegestelle für Schiffe		dreibeiniges Gestell für Apparate
	Endpunkt der Erdachse		hochmodern, hervorragend
	Anschlagen des Blutes an den Arterien		
	Geschichte mit erfundenen Personen		
	Ausflug, Reise		

Das andere Kreuzworträtsel (Teil 2)

Aufgabe 8: *Schreibe unten eine passende, kurze Umschreibung zu den Wörter auf. Falls du im Wörterverzeichnis nachschaust, musst du nicht alle Wörter abschreiben.*

1/20 A	B	21 S	O	L	U	T		22 L		23 P				2/24 B	O	A	
F		U						O		A		25 L		O			
3 F	O	S	S	I	26 L			V		K		U		D			
E		P			4 O	B	J	E	K	T	27 I	V		Y		28 F	
5 K	R	E	D	I	T						N				6 B	O	Y
T		K			7 T	R	A	D	I	T	I	O	N			K	
		T			E						T					U	
			8 P	29 A	R	A	30 D	O	X		9 I	M	P	U	L	S	
31 P				10 P	I		A				A						
11 R	E	32 F	E	R	E	N	T		12 K	33 A	L	M	A	34 R			
O		I		I			I			L				13 A	K	N	E
		T		L			14 V	A	K	U	U	M		P			

Nr.	Waagrecht	Nr.	Senkrecht
1		20	
2		21	
3		22	
4		23	
5		24	
6		25	
7		26	
8		27	
9		28	
10		29	
11		30	
12		31	
13		32	
14		33	
		34	

FREMDWÖRTER ... verstehen und richtig anwenden – Bestell-Nr. 11 071
KOHL VERLAG

7 Knobeleien mit Fremdwörtern

Das andere Kreuzworträtsel (Teil 3)

Aufgabe 9: *Was fehlt? Ergänze den Begriff im Kreuzworträtsel oder die Umschreibung unten.*

	20		21							22				23		24				
1	D	E	F	I	Z	I	T		2					R						
	I													U			25		26	
3	G	R	E	M	I	U	M	27			28		4	N	E	O	N			
	I			29			5	A	N	A	L	Y	S	E			E			
	T	6						K	30		C			7	I	N	T	U	S	
	A					31	8	T	E		D						T			
	L	9	D	U	E	L	L		G				32			10	O	P	E	R
	33							11	O	R	N	A	M	E	N	T				
	C																			
	A	12	I	N	D	I	S	K	R	E	T	13	T	O	U	R	14	M	O	B
	S																			
15	H	A	I			16	H	I	G	H	17									

Nr.	Waagrecht	Nr.	Senkrecht
1		20	
2	Irrgarten, Durcheinander	21	jemand, der sich sehr für etwas begeistert
3		22	höckerloses Kamel
4		23	
5		24	neu, wieder aufgelebt (Vorsilbe)
6	Beurteilung einer Person oder Sache	25	
7		26	jemand, der Inspektionen durchführt
8	Absicht, Neigung, Entwicklungsrichtung	27	
9		28	
10		29	Gewandtheit, Übung
11		30	
12		31	folgerichtiges Denken
13		32	Maschine, die ein Gerät antreibt
14		33	
15			
16			
17	kleine, runde Wurfscheibe		

FREMDWÖRTER ... verstehen und richtig anwenden – Bestell-Nr. 11 071
KOHL VERLAG

8 Die Lösungen

1 **Aufgabe 1:**

1. Firmen, Chefs, Direktoren, Sekretärin
2. Hydranten
3. Texte, diktieren, Geometrie(aufgaben)
4. Alphabet, Grammatik, Lektionen
5. Apotheke, Medikamente, Kosmetikartikel
6. Ärzte, Diagnosen, Zahnärzte, plombieren
7. Karies, Migräne, Leukämie, komplizierte, Frakturen
8. Astrologen, Horoskope
9. Autos, Motor, Tachometer
10. Katastrophen, Tsunamis, Taifune, Orkane
11. Akrobaten, Jongleure, Artisten
12. Architekten, Terrassen, Balkone
13. Friseurin, frisieren, Friseursalon
14. Restaurants, Beautycenter, Shoppingcenter, Garagen
15. Geniale, riskante, Manöver, strapaziöse, Ferien
16. Provisorische, definitive, Reservationen
17. Spraydosen, Aluminium, Porzellan
18. Lokomotive, Elektrizität
19. Aggressive, problematische, Hooligans
20. Theater, Kino, Zirkus, Konzert, Publikum

Aufgabe 2:

anders ausgesprochen: Clown, Cowboy, Computer, Jeep, Meringue, Tearoom
kein h (trotz langem Vokal): Final, flexibel, Pilot, Spinat, Violine, Vulkan
kein ck (trotz kurzem Vokal): aktiv, direkt, exakt, Kaktus, Prospekt, Takt

Aufgabe 3:

a) Helikopter; **b)** Computer; **c)** Rakete; **d)** Roboter; **e)** Kaktus; **f)** Obelisk; **g)** Traktor; **h)** Krokodil; **i)** Mobile; **j)** Quadrat; **k)** Jumbojet; **l)** T-Shirt; **m)** Couch; **n)** Grapefruit

Aufgabe 4:

a) eine witzige Zeichnung; **b)** ein Luftsprung oder ein Streich; **c)** Vermögenswerte; **d)** Hauptstadt; **e)** Abschnitt in einem Buch; **f)** der obere Teil einer Säule

2 **Aufgabe 1:**

1. angriffslustig
2. Abc
3. Kleinigkeit
4. Gutschein
5. Kaugummi
6. Einzelheit
7. Entfernung
8. Haartrockner
9. Auflauf
10. Anziehungskraft
11. umsonst
12. Liebhaberei
13. Grundform
14. Verbesserung
15. Führer
16. Augenblick
17. geheimnisvoll
18. Wer-Fall
19. Fahrgast
20. Grundsatz
21. Schlafanzug
22. Wirklichkeit
23. Rollbrett
24. Andenken
25. einfarbig

Aufgabe 2:

1. Strapaze
2. Instruktion
3. Imperativ
4. Monitor
5. Präsentation
6. pressieren
7. Passant
8. präzise
9. Ambulanz
10. Plastik
11. Lektüre
12. Pneu
13. Konsonant
14. Zentrum
15. imitieren
16. korrekt
17. kompliziert
18. Pirat
19. Grammatik
20. negativ
21. komplett
22. Prävention
23. Magier
24. Sympathie
25. Magma

KOHL VERLAG FREMDWÖRTER ... verstehen und richtig anwenden – Bestell-Nr. 11 071

8 Die Lösungen

2 **Aufgabe 3:**

1. die Einfuhr von Waren
2. ein kelchartiges Trinkgefäß
3. eine unbewiesene Annahme
4. eine Fachfrau für Erziehung
5. ein kleines Rhythmusinstrument
6. ein Fachmann für Pflanzen
7. eine körperliche Überempfindlichkeit
8. ein genauer Plan des Vorgehens
9. ein Glaskasten mit Fischen und Wasserpflanzen
10. eine baumlose, trockene Graslandschaft
11. ein Herrscher
12. ein Gespräch zwischen zwei Personen
13. eine rätselhafte Weissagung
14. das alleinige Recht auf den Verkauf eines Produktes
15. ein unterirdischer Raum zum Auffangen von Regenwasser
16. eine Unstimmigkeit oder ein Missklang

Aufgabe 4:

1. solidarisch
2. Beduinen
3. Horizont
4. Entertainer
5. Globus
6. Bakterien
7. Roman
8. egoistisch
9. Unikum
10. Zitat
11. Digitaluhr
12. Reptil

Aufgabe 6:

1. Regisseur
2. Konditor
3. Chirurgin
4. Zoologe
5. Geologin
6. Meteorologin
7. Dresseur
8. Psychiaterin
9. Ägyptologe
10. Astronomin
11. Astronaut
12. Physiker
13. Agronom
14. Juristin
15. Historikerin

Aufgabe 5:

1. demolieren
2. Bodyguard
3. Flora
4. paradox
5. Kosmos
6. Morast
7. Illusion
8. Imitation
9. Parasit
10. Gardine
11. Astronaut
12. akut
13. Viola
14. Tumor
15. Teleskop
16. Thermometer
17. reduzieren
18. Statur

3 **Aufgabe 1:**

<u>Darf er</u>: Nudeln, Rüben, Birnen, Kuchen, Gurken, Hornchen, Gehacktes, Apfelmus, Traubensaft, Brot, Kartoffelbrei, Rahmschnitzel, Blumenkohl, belegtes Brot, Süßmost, Lauch, Rösti, Milch, Kirschen, Butterzopf, Spätzle, Truthahn, Wasser, Eier, Emmentaler, Apfelsaft, Käseküchlein, Fleischkäse, Fischstäbchen, Grießknödel, Nüsse, Haferflocken, Fruchtsaft, Bohnen, Beeren, Butter

<u>Darf er nicht</u>: Poulet, Ravioli, Pommes Frites, Coca Cola, Sandwich, Curryreis, Spaghetti, Broccoli, Fischfilets, Cornflakes, Schokolade, Aubergine, Steak, Orangensaft, Tortellini, Zuchhini, Minestrone, Caramelcreme, Joghurt, Grapefruitsaft, Ketchup, Chicorée, Pizza, Icetea, Ananas, Kebap, Risotto, Roulade, Bouillon, Rivella, Mozzarella, Cervelat, Toastbrot, Chips, Lasagne, Softice

FREMDWÖRTER ... verstehen und richtig anwenden – Bestell-Nr. 11 071

8 Die Lösungen

3

Aufgabe 2:

<u>tun</u>: schlafen, tanzen, essen, lernen, fernsehen, trinken, lügen, turnen, lesen, schwimmen, spielen, singen, rennen, aufräumen, sprechen, lachen, träumen, den Tisch decken, Fahrrad fahren, Zähne putzen, Geschirr abtrocknen, tief einatmen, den Amseln zuhören

<u>nicht tun</u>: telefonieren, spazieren, surfen, trainieren, shoppen, joggen, reklamieren, gamen, diskutieren, kritisieren, fotografieren, chatten, kickboxen, bluffen, babysitten, computern, protestieren, Grimassen schneiden, Grammatik lernen, sich konzentrieren, in die Disco gehen, ins Kino gehen, exakt rechnen, im Zirkus applaudieren, Zahlen subtrahieren, Batterien aufladen, schlechte Noten riskieren, die Haare shampoonieren

Aufgabe 3:

stab~~ie~~les - stabiles; gi~~e~~bt - gibt; Fahrradt~~u~~r - Fahrradtour; Höhendi~~f~~ferenzen - Höhendifferenzen; pi~~k~~ni~~k~~en - picknicken; wä~~h~~re - wäre; ~~f~~iel - viel; Asp~~f~~altstraße - Asphaltstraße; rad~~d~~eln - radeln; gemü~~h~~tlich - gemütlich; Kio~~s~~sk - Kiosk; Pro~~f~~iant - Proviant; vereinzel~~n~~te - vereinzelte; B~~e~~iker - Biker; Lun~~s~~ch - Lunch; gemäss - gemäß; Rui~~h~~ne - Ruine; gepla~~h~~nt - geplant; zwa~~h~~r - zwar; Pi~~k~~ni~~k~~ - Picknick; ras~~s~~ant - rasant; dire~~e~~kt - direkt

Aufgabe 4:

1. ~~Eiscreme~~ / Sport
2. ~~Rasen~~ / Haus (Gebäude)
3. ~~Lehrstelle~~ / Berufe
4. ~~buchstabieren~~ / rechnen
5. ~~Sauna~~ / Tänze
6. ~~Neujahr~~ / Monate
7. ~~Gitarre~~ / Blasinstrumente
8. ~~Gedicht~~ / Lieder
9. ~~Tortilla~~ / Gemüse
10. ~~Montur~~ / Fahrzeuge (Zweiräder)
11. ~~Krokus~~ / Tiere
12. ~~Bumerang~~ / Häuser
13. ~~Agenda~~ / Pflanzen
14. ~~Monopol~~ / Spiele

Aufgabe 5:

1. ~~mobiles Handy~~ - Handy / mobiles Telefon / Mobiltelefon
2. ~~addierte Summe~~ - Summe / Addition
3. ~~Termindatum~~ - Termin / Datum
4. ~~Kontaktbeziehung~~ - Kontakt / Beziehung
5. -
6. ~~eingeführte Importware~~ - eingeführte Ware / Importware
7. ~~Seeräuberische Piraten~~ - Seeräuber / Piraten
8. -
9. ~~pessimistische Schwarzseher~~ - Pessimisten / Schwarzseher
10. ~~chaotisches Durcheinander~~ - Chaos / Durcheinander
11. -
12. ~~emotionalen Gefühlsausbruch~~ - emotionalen Ausbruch / Gefühlsausbruch
13. -
14. -
15. ~~kleinlichen Bagatelle~~ - Kleinigkeit / Bagatelle
16. ~~finanzielle Geldprobleme~~ - finanzielle Probleme / Geldprobleme
17. ~~paradoxer Widerspruch~~ - Paradox / Widerspruch
18. ~~direkte Livesendung~~ - Direktsendung / Livesendung

Aufgabe 6:

1. ~~roten~~, ~~grünen~~
2. ~~vierteljährige~~
3. ~~örtliche~~, (Interview~~gespräch~~, ~~Interview~~Gespräch)
4. ~~viereckiges~~
5. ~~kriminelle~~
6. ~~korrekte~~
7. ~~blauen~~
8. ~~scherzhafte~~
9. ~~vorbeugende~~
10. ~~schwermütige~~
11. ~~momentanen~~
12. ~~medizinisch~~, ~~international~~ (~~weltweit~~)
13. ~~Zweirad~~ (Zweirad~~fahrrad~~)
14. ~~kosmetischen~~

8 Die Lösungen

3

Aufgabe 6:

15. ~~sehr leise~~
16. ~~Treffen~~ (~~Meeting~~)
17. ~~und ichbezogene~~
18. ~~wirkliche~~
19. ~~schnellsten~~
20. ~~Bücher~~

Aufgabe 7: Individuelle Lösungen.

4

Aufgabe 1:

1. die Infektion
2. das Instrument
3. der Impuls
4. das Imperfekt
5. das Interview
6. der Import
7. die Institution
8. der Indikativ
9. der Imperativ
10. der Intellekt
11. das Insektizid
12. die Imitation
13. das Inventar
14. die Instanz
15. die Immunität
16. der Instinkt
17. die Immobilie
18. die Improvisation

Aufgabe 2:

1. Biathlon / Zweikampf
2. Triathlon / Dreikampf
3. bilateral / zweiseitig
4. monolateral / einseitig
5. Monokel / Einglas
6. Monarchhie / Alleinherrschaft
7. monochrom / einfarbig
8. polychrom / mehrfarbig
9. Monopol / Alleinanspruch
10. monoton / eintönig
11. Bikini / zweiteiliger Badeanzug
12. polyfon / vielstimmig
13. polyglott / vielsprachig
14. Polygon / Vieleck
15. Triangel / Dreieck
16. Monolog / Selbstgespräch

Aufgabe 3:

1. Interpunktion / Zeichensetzung
2. Automobil / Personenwagen
3. Topstar / Star der Spitzenklasse
4. Biologie / Lehre vom Leben
5. Exfreund / ehemaliger Freund
6. reagieren / auf etwas antworten, eingehen
7. topfit / in bester Form, Höchstform
8. reformieren / wieder (oder neu) gestalten
9. autonom / unabhängig, selbstständig
10. Extrablatt / Sonderausgabe einer Zeitung
11. Biotop / Lebensraum
12. Präposition / Vorwort
13. Exkursion / Ausflug
14. extravagant / überspannt, ausgefallen
15. präsentieren / vorzeigen, vorführen
16. Intercityzug / Schnellzug zwischen Städten

8 Die Lösungen

4 **Aufgabe 4:**

1. Realismus / Wirklichkeitssinn
2. Diskothek / Tanzlokal mit Musik
3. Telefon / Fernsprecher
4. Barometer / Luftdruckmesser
5. anglophil / englandfreundlich
6. frankophob / frankreichfeindlich
7. Zoologie / Tierkunde
8. Psychologie / Lehre von der Seele
9. Megafon / Sprachrohr (mit Verstärker)
10. Thermometer / Temperaturmessgerät
11. bibliophil / schöne Bücher liebend
12. hydrophob / Angst vor Wasser, wasserscheu
13. Geografie / Erdkunde
14. Bibliothek / Institution, die Bücher ausleiht
15. Optimismus / Zuversicht
16. Biografie / Beschreibung der Lebensgeschichte

Aufgabe 5:

1. Konzentration / Aufmerksamkeit / konzentrieren
2. Information / Auskunft, Nachricht / informieren
3. Dekoration / Verzierung / dekorieren
4. Reklamation / Beanstandung / reklamieren
5. Konfrontation / Gegenüberstellung / konfrontieren
6. Manipulation / Veränderung, Verfälschung / manipulieren
7. Simulation / Vortäuschung / simulieren
8. Integration / Einbeziehung / integrieren
9. Demonstration / Protestkundgebung / demonstrieren
10. Provokation / Herausforderung / provozieren
11. Illustration / Veranschaulichung / illustrieren
12. Organisation / Aufbau, Gestaltung / organisieren
13. Interpretation / Auslegung, Deutung / interpretieren
14. Reanimation / Wiederbelebung / reanimieren
15. Fabrikation / Herstellung / fabrizieren
16. Reservation / Freihaltung / reservieren
17. Gratulation / Glückwunsch / gratulieren
18. Kommentar / Erklärung, Stellungnahme / kommentieren

Aufgabe 6:

1. die Garantie
2. das Shirt
3. die Sekunde
4. der Automat
5. das Autogramm
6. die Shorts
7. der Sekretär
8. die Garnitur
9. die Garage
10. die Autorität
11. die Sektion
12. der Shuttle
13. die Garderobe
14. die Autonomie
15. der Shop
16. die Sekundarschule
17. die Gardine
18. die Autorin
19. der Sektor
20. die Show

KOHL VERLAG FREMDWÖRTER verstehen und richtig anwenden – Bestell-Nr. 11 071

8 Die Lösungen

5

Aufgabe 1: <u>In folgender Reihenfolge</u>: Jumbojet, Jogger, Biker, unsympathisch, Typen, Inlineskater, Jeep, Pneus, Jeans, spazierten, Sandwich, Poulet, Majonnaise, Ketchup, Pommes Chips, Currywurst

Aufgabe 2:

1. Chauffeur / Chauffeuse (Chauffeurin)
2. Friseur / Friseurin
3. Manager / Managerin
4. Jongleur / Jongleurin
5. Spion / Spionin
6. Physiker / Physikerin
7. Trainer / Trainerin
8. Dompteur / Dompteuse (Dompteurin)
9. Gangster / Gangsterin
10. Clown / Clownin
11. Ingenieur / Ingenieurin
12. Monteur / Monteurin
13. Chef / Chefin
14. Journalist / Journalistin
15. Psychologe / Psychologin
16. Teamleiter / Teamleiterin
17. Dealer / Dealerin
18. Tourist / Touristin

Aufgabe 3:

1. Spleen
2. Quiz
3. Show
4. Shoppen
5. fair
6. Cello
7. Slum
8. Souvenir
9. City
10. Keyboard
11. Kickboard
12. Baby
13. Lunch
14. Brunch
15. Cowboy
16. Cowgirl
17. Necessaire
18. Container

Aufgabe 4:

1. Citybike
2. jumpen
3. chatten
4. Curling
5. Medaille
6. Junkfood
7. Pommes frites
8. Niveau
9. genieren
10. geniale
11. Jury
12. Blamage
13. Sabotage
14. Cembalo
15. Make-up
16. Weekend
17. Hypnotiseur
18. Gelee
19. Meringue
20. coole

Aufgabe 5: <u>In folgender Reihenfolge</u>:

Servicemonteur, Chalet, Jazzpianist, Jeep, Garage, Garagentor, Trottoir, Laptop, News, Monteur, beiges, T-Shirt, Garage, Garagentor, Handy, Journalisten, Reportage

6

Aufgabe 1:

1. Man kann sich in angenehmer Umgebung entspannen.
2. Das Produkt verbessert die Denkfähigkeit.
3. Erholen Sie sich in unserer Wohlfühlanlage.
4. Das Produkt beugt Zahnlöchern vor.
5. Mehr Lebenskraft ...
6. Beim Wassertanz nimmt die Angriffslust ab.
7. Kinder und Jugendliche erhalten verlockende Angebote.

8 Die Lösungen

6

Aufgabe 2:

1. Der Vorschlag begünstigt die berufliche Ausbildung.
2. Vom neuartigen Projekt ziehen alle Nutzen.
3. Alle können die Lösung annehmen.
4. Weitere Bereiche müssen von Einschränkungen befreit werden.
5. Wir arbeiten vorbergehend mit der P-Partei zusammen.
6. Die bestehenden Möglichkeiten werden zu wenig genutzt.
7. Wir brauchen anpassungsfähige Lösungen für die Erneuerung der Schule.

Aufgabe 3:

Aussagen	Gruppe		
	A „Erwärmung"	B „Ananas"	C „Erfrischung"
Kalte Getränke erfrischen besonders	35 %	**65 %**	**89 %**
Aromatisierte Getränke erfrischen speziell	**45 %**	**87 %**	**20 %**
Lauwarmes Wasser löscht den Durst nicht	26 %	52 %	67 %

a) eine Versuchsperson / eine Testperson
b) erfinden / etwas Neues schaffen
c) nichts
d) ein Fachmann / ein Sachverständiger / ein Kenner
e) ein Versuch
f) Psychologen
g) Kernpunkt
h) absichtliche Irreführung

Aufgabe 4:

b)
1. Die schwierige Aufgabe zerlegen. / Untersuchen, worin die Schwierigkeit besteht.
2. Überlegen, ob man früher schon Pläne oder Ideen für die Lösung hatte.
3. Das Ziel der Lösung festlegen. / Bestimmen, was man erreichen will.
4. Einen Plan erstellen, um die Lösung zu erreichen.
5. Diesen Plan umsetzen. / Handeln, um das Ziel zu erreichen (um das Problem zu lösen).

c) Individuelle Lösungen.

Aufgabe 5:

korpulenter - beleibter; Assistenten - Helfer; Delinquenten - Straffälligen; blamiert - bloßgestellt; diskret - unauffällig; ins Visier nahm - ins Auge fasste; frappant - verblüffend; Puzzle - Bild aus vielen Einzelteilen; Probleme - Schwierigkeiten; fair - anständig; Quartier - (Stadt-)Viertel; perfekt - vollkommen; cleveren - schlauen; arroganten - überheblichen; salopp - unbekümmert; Ignorant - Dummkopf; exklusive - besondere, vornehme; Parkett - Fußboden aus Holzstreifen; Profil - Muster der Gummisohle; antike - (die) altertümliche; Statue - Standbild; Verandatüre - (Türe des) gedeckten Vorbaus; raffiniert - gerissen; Protokoll - die Niederschrift des Verhörs; opponiert - widerspricht

Aufgabe 6:

In folgender Reihenfolge: Pra**ek**tikant - Praktikant; Interne**tt** - Internet; Sommerf**eh**rien - Sommerferien; **ein** - einen; Pra**ek**tikan**t** - Praktikanten; Erf**ar**ung - Erfahrung; **f**iel - viel; s**ö**rfe - surfe; in**tr**essante - interessante; Arti**ck**el - Artikel; Schu**h**le - Schule; zu**f**erlässig - zuverlässig; Zehnfingers**i**stem - Zehnfingersystem; **i**hnen - Ihnen; jo**b**en - jobben; persö**h**nlich - persönlich; **i**hnen - Ihnen; **f**orbei - vorbei; **zu vor**stellen - vorzustellen

Aufgabe 7:

Individuelle Lösungen.

KOHL VERLAG FREMDWÖRTER ... verstehen und richtig anwenden – Bestell-Nr. 11 071

8 Die Lösungen

7

Aufgabe 1:

1. Absenz - Abwesenheit
2. Agenda - Terminkalender
3. Indiz - Anzeichen
4. Konvoi - Geleitzug
5. Effekt - Wirkung
6. Reporter - Berichterstatter
7. Quantum - Menge
8. Konjunktiv - Möglichkeitsform
9. Repetition - Wiederholung
10. linear - geradlinig

Aufgabe 2:

1. Ansehen - Prestige
2. äußerst - extrem
3. Bahnsteig - Perron
4. Beziehung - Kontakt
5. Blutsauger - Vampir
6. Eckball - Corner
7. eintönig - monoton
8. Entfernung/Abstand - Distanz
9. Flugblatt - Flyer
10. Haltestelle - Station
11. hervorragend - exzellent
12. Kehrreim - Refrain
13. Krankheitserreger - Virus
14. Nichtfachmann - Amateur
15. schnelles Essen - Fastfood
16. Spaß - Fun
17. verstehen/begreifen - kapieren
18. Wörterverzeichnis - Glossar

Aufgabe 3:

1. Eine antike Terrine ist eine alte Suppenschüssel.
2. Ein Accessoire ist ein modisches Zubehör.
3. Kuriositäten sind merkwürdige Dinge.
4. Eine Degustation ist eine Kostprobe.
5. Ein arroganter Mensch ist überheblich und eingebildet.
6. Eine Definition ist eine Beschreibung eines Begriffs.
7. Ein Signalement ist eine Personenbeschreibung.
8. Im Zweifelsfall das Wörterverzeichnis konsultieren.

Aufgabe 4:

1. Die Vorsilbe anti bedeutet oft gegen.
2. Antipathie ist das Gegenteil von Sympathie.
3. Der Antipode ist der Gegenfüßler.
4. Wir sind die Antipoden der Neuseeländer.
5. Die Antilope ist keine Gegenlope.
6. Der Antiheld ist das Gegenteil des Helden.
7. Antiautoritär ist das Gegenteil von autoritär.
8. Die Antarktis ist das Gegenstück zur Arktis.

Aufgabe 5:

a)

p	a	t	t	r	a	k	t	i	v
c	t	e	u	p	h	o	r	i	e
m	d	e	f	e	n	s	i	v	n
t	h	e	r	a	p	i	e	l	h
q	o	w	s	b	u	d	g	e	t
k	s	p	e	d	i	t	i	o	n
p	e	s	s	i	m	i	s	t	q
c	h	a	m	p	i	o	n	w	s
z	r	b	a	n	a	l	m	l	b
v	s	y	n	o	n	y	m	k	s

b) attraktiv
Euphorie
defensiv
Therapie
Budget
Spedition
Pessimist
Champion
banal
Synonym

c) Siehe Seite 70.

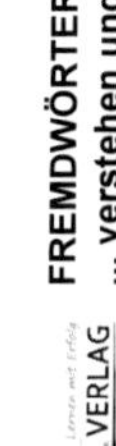

8 Die Lösungen

7 **Aufgabe 5:** c)
1. Leider reicht mein Budget nicht für eine längere Auslandsreise.
2. „Adjektiv“ ist ein Synonym für „Eigenschaftswort“.
3. Das ist ein sehr attraktives Angebot.
4. Einen Spitzensportler oder eine Spitzenmannschaft nennt man Champion.
5. Euphorie ist eine große Begeisterung, ein Hochgefühl.
6. Große Warenmengen werden von einer Spedition transportiert.
7. Dank der Therapie ist mein Onkel wieder gesund.
8. Wegen der defensiven Haltung des Chefs dauert alles zu lange.
9. Er ist ein richtiger Pessimist geworden; er sieht alles negativ.
10. Dumme Menschen reden viel banales Zeug daher.

Aufgabe 6: a)

n	f	a	s	s	a	d	e	t	r
o	q	i	m	i	t	a	t	o	r
s	e	n	s	a	t	i	o	n	v
k	o	m	p	e	t	e	n	t	r
e	p	n	m	o	b	b	e	n	i
z	k	o	l	l	i	s	i	o	n
f	o	s	s	i	l	i	e	n	l
v	o	r	i	g	i	n	e	l	l
n	t	h	a	r	l	e	k	i	n
k	o	m	p	l	i	z	e	n	r

b) Fassade
Imitator
Sensation
kompetent
mobben
Kollision
Fossilien
originell
Harlekin
Komplizen

c) Individuelle Lösungen.

Aufgabe 7:

1/20 D	I	A	L	E	21 K	T				22 S		23 B			2 L	24 E	E
E					A		3 P	A	M	P	H	L	E	T		G	
4 F	E	U	25 D	A	L					A		A				A	
E			I		5 A	N	26 A	L	O	G		6 N	O	27 B	E	L	
K			S		U		R			A		K		R			28 S
7 T	29 R	I	P		E		O			T		8 O	R	I	E	N	T
	I		E		9 R	O	M	A	30 N					S			A
	T		N				A		A			10 G	R	A	N	I	T
11 P	U	L	S		32 T			12 F	I	X				N			I
	A				O				V					T			V
13 F	L	O	P		14 P	I	E	R		15 P	O	L					

Nr.	Waagrecht
5	ähnlich, entsprechend
1	Mundart
4	vornehm, reichhaltig
12	fest oder schnell
13	Handlung ohne Anklang und ohne Erfolg
10	sehr hartes Gestein
2	dem Wind abgekehrte Seite
6	vornehm, großmütig, edel
8	östliche Welt, Vorder- und Mittelasien
3	Schmähschrift, Streitschrift
14	Anlegestelle für Schiffe
15	Endpunkt der Erdachse
11	Anschlagen des Blutes an den Arterien
9	Geschichte mit erfundenen Personen
7	Ausflug, Reise

Nr.	Senkrecht
26	Geschmack, Duft
23	leer, nicht ausgefüllt
27	hochaktuell, heikel
20	fehlerhaft, kaputt
25	Befreiung von Vorschriften
24	gleichgültig
21	Wortspiel
30	unkritisch, einfältig
29	Zeremonie
22	Beine waagrecht spreizen
28	dreibeiniges Gestell für Apparate
32	hochmodern, hervorragend

8 Die Lösungen

7 Aufgabe 8:

1/20 A	B	21 S	O	L	U	T		22 L		23 P				2/24 B	O	A	
F		U						O		A		25 L		O			
3 F	O	S	S	I	26 L			V		K		U		D			
E		P			4 O	B	J	E	K	T	27 I	V		Y		28 F	
5 K	R	E	D	I	T						N				6 B	O	Y
T		K			7 T	R	A	D	I	T	I	O	N			K	
		T			E						T					U	
			8 P	29 A	R	A	30 D	O	X		9 I	M	P	U	L	S	
31 P				10 P	I		A				A						
11 R	E	32 F	E	R	E	N	T		12 K	33 A	L	M	A	34 R			
O		I		I			I			L				13 A	K	N	E
		T		L			14 V	A	K	U	U	M		P			

Zum Teil gibt es verschiedene Möglichkeiten; du musstest nur eine davon aufschreiben.

Nr.	Waagrecht	Nr.	Senkrecht
1	**uneingeschränkt / völlig**	20	**heftige Gemütserregung**
2	**Riesenschlange**	21	**verdächtig / fragwürdig**
3	**versteinert**	22	**Liebe**
4	**sachlich / sachbezogen**	23	**Vertrag / Übereinkommen**
5	**ausgeliehenes Geld**	24	**Körper**
6	**junger Mann**	25	**dem Wind zugekehrte Seite** (des Schiffes)
7	**Überlieferung kultureller Werte / Brauch**	26	**Glücksspiel (mit Losen)**
8	**widersprüchlich / widersinnig**	27	**anfänglich**
9	**Antrieb / Anstoß**	28	**Brennpunkt**
10	**Kreiszahl** (3.1415...)	29	**der vierte Monat im Jahr**
11	**Redner / Vortragender**	30	**Wem-Fall / 3. Fall**
12	**Tintenfisch**	31	**für / je**
13	**Pusteln**	32	**tüchtig / in Form**
14	**luftleerer Raum**	33	**Kurzwort für Aluminium**
		34	(rhythmischer) **Sprechgesang** (Pop)

Aufgabe 9:

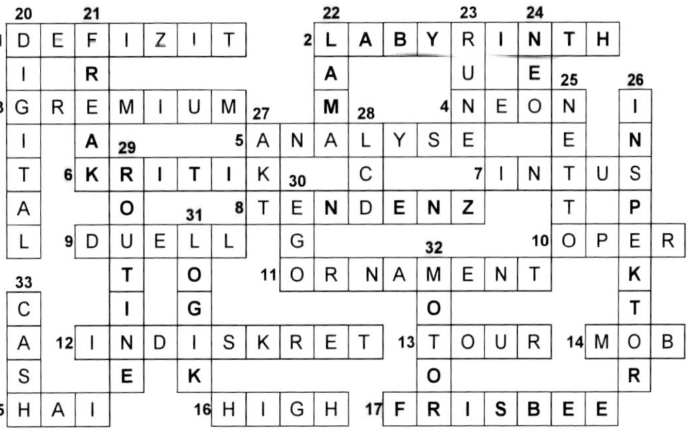

Nr.	Waagrecht	Nr.	Senkrecht
1	**Mangel / Fehlbetrag**	20	**in Ziffern dargestellt**
2	Irrgarten, Durcheinander	21	jemand, der sich sehr für etwas begeistert
3	**Körperschaft**	22	höckerloses Kamel
4	**ein Edelgas**	23	**germanisches Schriftzeichen**
5	**genaue Untersuchung**	24	neu, wieder aufgelebt (Vorsilbe)
6	Beurteilung einer Person oder Sache	25	**Gewicht ohne Verpackung**
7	**innen / inwendig**	26	jemand, der Inspektionen durchführt
8	Absicht, Neigung, Entwicklungsrichtung	27	**Handlung / Vorgang**
9	**Zweikampf**	28	**Flüssigkristallanzeige**
10	**musikalisches Bühnenwerk**	29	Gewandtheit, Übung
11	**Verzierung**	30	**Ich**
12	**taktlos / aufdringlich**	31	folgerichtiges Denken
13	**Ausflug**	32	Maschine, die ein Gerät antreibt
14	**Pöbel**	33	**bar**
15	**Raubfisch**		
16	**in gehobener Stimmung**		
17	kleine, runde Wurfscheibe		

Sabine Hauke

Täglich Deutsch üben!

Rechtschreibung & Grammatik

Jeder Flyer ist übersichtlich gestaltet und behandelt ein bestimmtes Thema kurz & knackig:

- **Vorderseite:** Erklärungen
- **Innenteil:** Beispiele und Aufgaben
- **Rückseite:** Lösungen zur Selbst-/Partnerkontrolle

FÖ

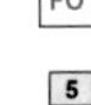

48 S.	12 552	ab 12,49 €

5 6

Friedhelm Heitmann & Billur Shirazi

Einfach DEUTSCH

Elementares Wissen leicht erklärt

Diese Arbeitsblätter unterstützen den Lernerfolg und stärken das Selbstvertrauen. Die Arbeitsblätter enthalten zahlreiche abwechslungsreiche Aufgabenstellungen, die zusätzlich auch in Vertretungsstunde oder als Zusatzmaterial zum selbstständigen Arbeiten in der Freiarbeit geeignet sind. Ob Grammatik, Rechtschreibung oder Lesetraining – diese Themen und noch vieles mehr umfasst das Arbeitsheft. Der Spaß kommt nicht zu kurz, garantiert!

76 S.	12 808	ab 16,49 €

FÖ PDF plus

5 6 7 8 9 10

S. Hauke, C. Vatter-Wittl, J. Vatter & Kohl-Verlag

Wochenplan Deutsch

Je fünf Einheiten auf einem Bogen zusammengefasst. Zahlreiche aktuelle Themen sind mit Übungen zur Rechtschreibung, Grammatik, Leseverständnis und Schreiben versehen. In den Bänden der Klassen 8, 9 und 10 werden die Schüler mit Begriffen wie „Bewerbungsschreiben", „Berufswelt", „Fachbegriffe" usw. konfrontiert. Mit ausführlichen Lösungen – auch zur Selbstkontrolle!

Klasse 5	11 654	
Klasse 6	11 655	
Klasse 7	11 758	
Klasse 8	11 889	
Klasse 9	11 998	je 80 Seiten
Klasse 10	12 048	ab 15,99 €

FÖ INK PDF plus

5 6 7 8 9 10

Friedhelm Heitmann

Allgemeinwissen fördern DEUTSCH

Grundkenntnisse fachgerecht in kleinen Portionen

Vermittlung, Festigung und Überprüfung elementarer, grundlegender Deutschkenntnisse anhand von allgemeinbildenden Texten mit entsprechenden Übungen zu Rechtschreibung, Zeichensetzung und Grammatik sowie den diversen Textarten, literarischen Werken und Fremdwörtern. Dieses Kompaktwerk eignet sich auch bestens zur Prüfungsvorbereitung.

112 Seiten	12 163	ab 20,99 €

FÖ PDF plus

5 6 7 8 9 10

Jochen Vatter

Wochenplan Rechtschreibung

Je fünf Einheiten auf einem Bogen zusammengefasst. Zahlreiche aktuelle Themen sind mit Übungen zur Rechtschreibung versehen. Gerade für diese Altersgruppe ist der Wochenplan ideal. Jede Woche ist in 5 Einheiten (Mo-Fr) untergliedert. So steigt von Tag zu Tag das Selbstbewusstsein! Optimales Freiarbeitsmaterial – auch zum Üben zu Hause geeignet!

Klasse 5	12 573	
Klasse 6	12 574	
Klasse 7	12 810	je 80 Seiten
Klasse 8	12 918	ab 15,99 €

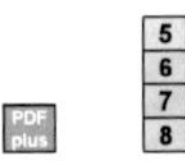
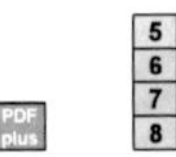

PDF plus

5 6 7 8

Gerlinde Maier & Petra Lindner-Köhler

Rechtschreibung stärken

Abschreibtraining

Die Fähigkeit des fehlerfreien Abschreibens muss regelmäßig trainiert werden. Dabei motiviert die abwechslungsreiche Form die Schüler. Die Textteile werden kreativ gestaltet dargeboten in Rädern, Pyramiden, Wörtertabellen, Schlangen- und Konfettitexten ... ***Eine einfache aber wirkungsvolle Methode!***

56 Seiten	11 886	ab 14,49 €

FÖ PDF plus

5 6

Susanne Mitasch-Kraft & Autorenteam Kohl-Verlag

Wochenplan Grammatik

Je fünf Einheiten auf einem Bogen zusammengefasst. Zahlreiche aktuelle Themen sind mit Übungen zur Grammatik versehen. Gerade für diese Altersgruppe ist der Wochenplan ideal. Jede Woche ist in 5 Einheiten (Mo-Fr) untergliedert. So steigt von Tag zu Tag das Selbstbewusstsein! Optimales Freiarbeitsmaterial – auch zum Üben zu Hause geeignet!

Klasse 5	12 731	
Klasse 6	12 732	
Klasse 7	12 733	je 80 Seiten
Klasse 8	12 919	ab 15,99 €

5 6 7 8

Rüdiger Kohl & Lynn-Sven Kohl

Lern- & Übungswerkstatt Rechtschreibung

Tipps und Hilfen für die Behebung ganz typischer Rechtschreibprobleme. Die Übungen zu den einzelnen Kapiteln werden Ihre Schüler auf deren schwierigen Wegen durch die gefürchteten Rechtschreibklippen begleiten. Die Arbeitsblätter enthalten zahlreiche Übungen und Aufgaben zu den wichtigen Regeln der deutschen Rechtschreibung zur Wiederholung, Stärkung und Festigung. Die Kopiervorlagen sind bestens geeignet zum selbstständigen Arbeiten in der Freiarbeit, zum Üben zu Hause oder für die Nachhilfe. ***Mit Tipps und gezielter Hilfe Rechtschreibprobleme lösen!***

56 Seiten	10 659	ab 12,49 €

FÖ PDF plus

5 6 7 8 9 10

Mila Müller & Corinna Gerstner

Wochenplan Freies Schreiben

Wochenpläne geben durch ihren übersichtlichen Aufbau Klarheit und Struktur: der Schüler weiß genau, welche Aufgaben in welchem Zeitraum erledigt werden müssen. Durch diese Arbeitsweise werden grundlegende Kompetenzen wie Selbstorganisation und Ausdauer gefördert. Motivierende Schreibanlässe tragen dazu bei, dass die eigene Fähigkeit, sich schriftlich darzustellen und mit anderen kommunizieren zu können, erlebt wird.

48 S.	Klasse 5	12 524	ab 13,49 €
60 S.	Klasse 6	12 572	ab 14,99 €
48 S.	Klasse 7	12 735	ab 13,49 €

5 6 7

Christiane Vatter-Wittl

Die Rechtschreibkartei 120 Aufgabenkarten

Vertiefen, Festigen, Differenzieren, Individualisieren

Diese Lernkartei ist vielseitig einsetzbar. In verschiedenen Aufgaben werden u.a. die Groß- und Kleinschreibung, Wortfelder, Wortfamilien, Trennung, Wortbedeutungen, Ober- und Unterbegriffe, Doppelvokale und -konsonanten (u.v.m.) behandelt. Außerdem gibt es motivierende Rechtschreibspiele rund um die Wortschatzarbeit.

120 Seiten	11 093	ab 21,49 €

FÖ

5 6 7 8 9 10

Sabine Hauke & Birgit Brandenburg

Wochenplan Märchen, Fabeln, Sagen

Jede Woche in fünf Einheiten

Jeder Wochenplan ist in drei Niveaustufen ausgearbeitet. So arbeiten alle Schüler differenziert an einem Inhalt und Lernthema, und das jeweils entsprechend ihrem Leistungsvermögen.

Märchen	11 656	je 64 Seiten
Fabeln	11 792	
Sagen	11 657	ab 14,99 €

PDF plus

5 6

Dr. Elisabeth Höhn

Fit in Deutsch - Grundlagen

Arbeits- und Übungsbuch zur Festigung und Vertiefung

Das Buch bietet Lehrern Ideen für einen interessanten und abwechslungsreichen Deutschunterricht, Material für Quiz und Wettbewerb, Aufsatzthemen, Kopiervorlagen für Leistungstests etc. Wichtige Themenbereiche sind journalistische Texte, private und berufliche Briefe, Diskussionen und Referate, Erörterungen und Rechtschreibübungen sowie das für Schulabgänger so wichtige Thema Bewerbung.

148 Seiten	11 487	ab 23,49 €

BF PDF plus

8 9 10 11 12 13